银行实务培训系列丛书

银行票据实务

任　彦　编著

上海大学出版社
·上海·

图书在版编目(CIP)数据

银行票据实务/任彦编著. —上海：上海大学出版社，2014.7

ISBN 978-7-5671-1322-0

Ⅰ.①银… Ⅱ.①任… Ⅲ.①票据—银行业务 Ⅳ.①F830.46

中国版本图书馆 CIP 数据核字(2014)第 116892 号

责任编辑 徐丽华 封面设计 倪天辰
技术编辑 章 斐

银行实务培训系列丛书

银行票据实务

任 彦 编著

上海大学出版社出版发行

(上海市上大路 99 号 邮政编码 200444)

(http://www.shangdapress.com 发行热线 021-66135112)

出版人：郭纯生

*

南京展望文化发展有限公司排版

上海上大印刷有限公司印刷 各地新华书店经销

开本 787×960 1/16 印张 10.5 字数 180 千字

2014 年 7 月第 1 版 2014 年 7 月第 1 次印刷

ISBN 978-7-5671-1322-0/F·134 定价：28.00 元

前　言

为上海“两个中心”建设培养优秀人才的共同目标是交通银行上海市分行和上海大学进行全面战略合作的动力。自 2007 年开始合作，到 2011 年交通银行上海市分行成为上海市市属本科高校校外实习重点建设基地，到 2013 年成为教育部高校校外实习重点建设基地的合作过程中，交通银行不仅为大学生提供了实习的机会，还专门为上海大学学生开设了“银行会计实务”、“银行销售实务”、“银行信贷实务”和“银行票据实务”等金融实务系列课程，受到了学生的欢迎。在共同探索金融人才培养新模式的合作中，我们充分发挥各自的长处，形成金融教学理论与实践结合的独特优势，为上海大学学生成长提供了一个舞台。本教材是我们合作中逐步形成的成果之一，随着合作的深入，我们还将开发更多的课程、编写更多的教材，供学生学习使用。

“银行实务培训系列丛书”是根据商业银行经营管理理论和我国银行工作的实际现状编写而成的实务性教材，其目的在于让学生更好地了解银行的业务、工作流程、服务规范，增强学生的职业素养和专业知识的储备，为他们将来择业或从事银行业的工作提供一些帮助。

本套教材分别从商业银行的会计、销售、票据、授信等主要业务着手，用通俗易懂的语言，深入浅出地阐述了银行主要业务的基本常识和业务流程。教材中有很多内容是交通银行员工的智慧和多年经验的积累，具有很高的实用参考价值，是高校金融专业学生和初入银行工作的人员了解、研究商业银行业务的入门教材。

当然，本套教材所囊括的知识点也是有限的，所涉及的内容还不够深入和全面。无论是作为一名合格的银行工作人员还是金融专业的合格学生，仅仅学习本套教材所涉及的内容是远远不够的，还必须付出更多的时间和精力去学习、去实践、去探索商业银行经营和管理，不断地总结和提炼，增加自己的知识储备，提升业务能力水平，修炼自身的职业素养，使自己在激烈的竞争环境中占有一席之地。

在编委会的指导下，由应敏、徐群编著，李樱审阅了《银行会计实务》；瞿林、吴福生、俞津波、姚捷编著，李利审阅了《银行销售实务》；陈建华编著，苏海明审阅了《银行信贷实务》；任彦、林平、于芳编著，李樱、苏海明审阅了《银行票据实务》等教材。罗晓、朱立芬同志负责教材的整体策划和组织实施。在编写过程中还得到了上海大学的鼎力支持和郭纯生、陈信华、桂永评、宋晓颖同志的热心帮助，在此我们表示由衷的感谢。

由于我们能力所限、经验不足，教材中一定会有诸多的缺陷，在此恳请各位专家学者、同事和读者给予批评指正。

“银行实务培训系列丛书”编委会

2014 年 6 月

目　　录

第一章

票据基础知识

第一节　我国票据市场的发展及现状

一、票据市场的定义及特点

（一）票据市场定义

票据市场是指在商品交易和资金往来过程中产生的以汇票、本票和支票的发行、担保、承兑、贴现、转贴现、再贴现来实现短期资金融通的市场。

（二）票据市场的特点

一是市场交易品种相对丰富，包括商业票据、银行承兑汇票、短期国债、大额可转让定期存单、资产抵押票据等，其中纯融资性商业票据（Commercial papers）占主导地位。

二是市场参与者类型丰富，市场发行主体和投资主体几乎涵盖大部分的金融机构、非金融机构、政府部门和个人。

三是市场上存在大批票据中介和专营机构，承担着评级、发行、交易等职能，成为联系票据发行者和投资者的重要纽带。

四是市场化程度较高，通过信用评级方式，形成客观公正的准入退出机制。多数发达国家票据市场通过由票据专营机构担任做市商，起到了活跃票据市场、降低交易风险的作用。

二、我国票据市场的发展和现状

（一）我国票据市场发展的四个阶段

起步（1980～1985年）；

初步发展(1986～1994 年);

整治发展(1995～2000 年);

快速发展(2001～2006 年)。

(二)我国票据市场发展的特点

1. 市场总体规模不断扩大

全国金融机构票据承兑商业汇票承兑余额由 1995 年的 865 亿元增至 2003 年的 12 776 亿元,金融机构办理的票据贴现量由 1 412 亿元增加到 43 388 亿元,分别增长 13.8 倍和 29.7 倍。同期,商业汇票未到期金额由 695 亿元增加到 3 267 万亿元;票据贴现余额由 547 亿元增加到 8167 亿元,分别增长 3.7 倍和 13.9 倍。票据市场已经成为我国金融市场中成长最快的子市场之一。

2. 市场发展速度不断加快

2001～2006 年,企业签发商业汇票总量从 1.28 万亿元增长到 5.43 万亿元,年末未付余额从 0.51 万亿元增长到 2.21 万亿元,五年复合增长率分别达到 33.5%和 34.0%;全国金融机构贴现量从 1.55 万亿元增长到 8.49 万亿元,年末余额从 0.28 万亿元增长到 1.72 万亿元,五年复合增长率分别达到 40.5%和 43.8%。票据融资成为近年来增幅最高、发展最快的一种融资方式。

3. 市场活跃程度不断提高

随着票据市场规模的不断扩大,票据市场的活跃程度也日益增加,主要表现在参与主体数量迅速增加,中小商业银行积极介入票据市场;票据二级市场流动性提高,票据周转次数增加,进而吸引更多的资金进入票据市场;新产品创新层出不穷,促进了票据市场的繁荣。

(三)我国票据市场发展的存在的不足

尽管我国票据市场发展取得了很大成绩,但与发达国家相比,还存在很多不足:

一是由于缺乏统一高效的登记、托管、交易平台,票据市场处于分割状态,仅在部分中心城市形成了区域性票据中心,商业银行票据交易的操作流程、业务制度自成体系,阻碍了全国统一票据交易市场的形成发展。

二是市场交易品种匮乏。《票据法》规定“票据行为必须有真实的贸易关系和资金关系作为基础”,导致我国票据市场融资性票据缺失,票据市场为企业提供直接短期资金融通的功能难以充分发挥,制约了票据市场的长远发展。从发达国家票据市场经验看,受市场内在驱动力影响,票据交易工具存在由交易性票据向融资性票据转化的趋势。

三是由于交易品种匮乏，导致票据市场参与主体较少，以大中型企业和商业银行为主，其他企业和机构参与市场程度有限。没有形成有效的做市商机制，导致票据市场流动性较差、价格波动大。票据市场信用评级制度落后也是票据市场发展的重大障碍。

四是票据业务处理手段落后。缺乏统一高效的登记、托管、交易平台，使票据市场发展受到纸质票据制约，票据发行、转让等难以实现电子化，不仅交易效率低，而且容易产生风险。

三、我国票据市场的展望

（一）票据业务发展方向：促进流动性、安全性和盈利性三性统一

（1）票据业务是促进流动性、安全性和盈利性三性统一的重要工具。三者始终共存一体、互相作用，其相互关系不是简单的函数关系，而是与宏观经济政策、市场形势、银行经营目标和运行体制等复杂因素交织在一起，并随着时间的推移不断变化着的。我们要从变化过程中摸索、总结出一般规律，针对各种情境采取相应的票据业务发展策略，促进三性统一。

（2）在当前宏观经济发展不确定因素较多，流动性风险和信用风险较大的大环境下，票据业务发展的必要性更加凸显。

（3）近几年来票据业务领域操作风险案件频发，安全性问题亟须重视和解决。操作风险管理得不好，不仅直接影响盈利性，更对银行信誉和金融安全产生负面影响；信用风险控制得不好，直接导致拨备增加，影响盈利性；市场风险解决得不好，直接影响流动性，由此导致的流动不畅又间接影响盈利性。

（二）票据业务发展方向：配置和调节功能不断强化

（1）商业银行风险资产的扩张因消耗资本而受资本约束，票据业务对风险资产的配置和调节作用，在这几年票据业务的发展中已形成共识。那么，在风险资产中配置多少比例的票据资产可以使三性达到较好的平衡点呢？

（2）运用内部核算和管理工具可以解决这个问题：通过管理会计来核算各项票据产品对资产业务盈利的贡献度，通过管理会计和内评法来核算各项票据产品占用的一般资本是多少，经济资本是多少，通过贡献度和资本占用的配比，再根据银行总体经营目标，就能大体确定票据业务在表内表外风险资产中的占比。

（3）票据业务对资产业务的调节作用近几年来也愈发重要。要进一步发挥此

项功能，关键是要在业务运行机制上多下功夫。一是要通过价格杠杆机制，以内部转移定价手段调节、引导分行票据业务发展节奏；二是要加大系统内票据交易的活跃度，及时平衡、调剂规模余缺，提高规模使用效率和整体资产收益率。

（三）票据业务发展方向：产品和服务创新持续不断

（1）从近几年的票据业务发展形势看，票据产品和服务的创新层出不穷，商业银行票据业务的创新能力已对整体经营管理构成重要影响。在这种形势下，创新能力不足的影响已不再局限于能不能做某项业务，而是直接影响到银行能不能争取到某个客户的整体业务。

（2）对于市场和客户在票据业务产品和服务上的创新需求，银行一定要有快速的反应机制，要发挥流程银行机制的优势，各相关部门组成团队共同迅速应对创新需求，在各项风险基本可控的前提下，迅速提出明确的指导意见，或是在较短的周期内开发出新产品，使银行在市场和客户心目中的形象得到提升。

（3）近阶段主要创新产品和服务：票据产品与Shibor挂钩定价及与此相关的利率衍生产品；围绕供应链业务的票据服务及交易方式的创新；票据挂钩型理财产品；电子票据；票据业务操作和风险管理工具的持续优化。

第二节 票据概述

一、票据的种类

票据是具有法律规定的格式，约定由债务人按期无条件支付一定金额，并可以流通的书面付款凭证。

票据的种类很多，我国一般指三种，即汇票、本票、支票。根据出票人的不同，票据可分为银行票据和商业票据；按付款期限的不同，可分为即期票据和远期票据。

（一）银行票据

银行票据指由银行签发的票据，如银行汇票、银行本票。银行票据是银行信用的表现形式，是针对商业票据信用度和流通性上的缺陷而产生和发展起来的。由于银行聚集了大量的社会闲散资金，在资金规模和商业信誉上都远远高于普通企业，因此其签发的票据就更具有可靠的担保，在适用范围上就更加广泛。

（二）商业票据

商业票据是指由银行以外的经济主体签发的票据，如商业汇票、支票。商业汇票是日常最常见的商业票据类型之一。

（三）即期票据

即期票据是指见票即付的票据。即期票据是指以提示日为到期日，持票人持票到银行或其他委托付款人处，后者见票必须付款的一种汇票。即期票据的持票人可以随时行使自己的票据权利，无须提前通知付款人准备履行义务。

（四）远期票据

远期票据是指收付款双方事先约定票据的付款期限，到期再付款的票据。我国的远期票据主要是指商业汇票，包括银行承兑汇票与商业承兑汇票。

二、票据的作用

（一）汇兑作用

在商业交易中，交易双方往往分处两地甚至分处两国，经常需要往异地之间兑换或转移金钱。因为一旦成交，就要向外地或外国输送款项供清偿之用。在这种情况下，如果输送大量现金，不仅十分麻烦，而且途中风险很大。但是，如果通过在甲地将现金转化为票据，再在乙地将票据转化为现金的办法，以票据的转移，代替实际的金钱的转移，则可以大大减少上述麻烦或风险。

（二）支付作用

汇票、本票作为汇兑工具的功能逐渐成形后，在交易中以支付票据代替现金支付的方式逐渐流行起来。用票据代替现钞作为支付工具，可以避免清点现钞时可能产生的错误，并可以节省清点现钞的时间。因此，人们在经济生活中普遍使用票据特别是支票作为支付的工具。

（三）流通作用

最初的票据仅限于一次付款，不存在流通问题。但自从背书转让制度出现之后，票据就具有流通功能，得以背书方式进行转让。按照背书制度，背书人对票据的付款负有担保义务，因此，背书的次数越多，对票据负责的人数也越多，该票据的可靠性也越高。在当代西方社会，票据的流通日益频繁和广泛，仅次于货币的流通。

票据虽然可以代替现金流通，但票据本身并不是货币，票据与货币的主要区别在于：票据不具有法定货币的强制通用效力。因此，当债务人以法定货币清偿债务时，债权人不能不接受；但如果债务人准备以票据清偿其债务时，则必须征得债权人的同意，否则债权人可以拒绝接受。

（四）融资作用

票据的融资作用就是票据筹集资金的作用。这主要通过票据贴现来实现。所谓票据贴现，是指对未到期票据的买卖行为，也就是说持有未到期票据的人通过卖出票据来得到现款。在汇票、本票的付款日期未到之前，持票人可能会发生资金运用困难的情况，为了调动资金，持票人可寻求将手中未到期的票据以买卖方式转让于他人。收买未到期的票据，再将其卖给需用票据进行支付或结算的人，可以从买卖票据的差价中获利，这样，买卖票据的业务发展起来。

（五）信用作用

这是票据的核心功能。票据当事人可以凭借某人的信誉，就未来可以取得的金钱，作为现在的金钱来用。票据的背书，加强了票据的信用作用，汇票和本票都有信用工具的作用。

三、支票的定义、种类及其特点

（一）定义

支票是出票人签发的，委托办理支票存款业务的银行或者其他金融机构在见票时无条件支付确定的金额给收款人或者持票人的票据。

支票上印有“现金”字样的为现金支票，现金支票只能用于支取现金。支票上印有“转账”字样的为转账支票，转账支票只能用于转账。

支票上未印有“现金”或“转账”字样的为普通支票，可以用于支取现金，也可以用于转账。在普通支票左上角划两条平行线的，为画线支票，只能用于转账，不得支取现金。

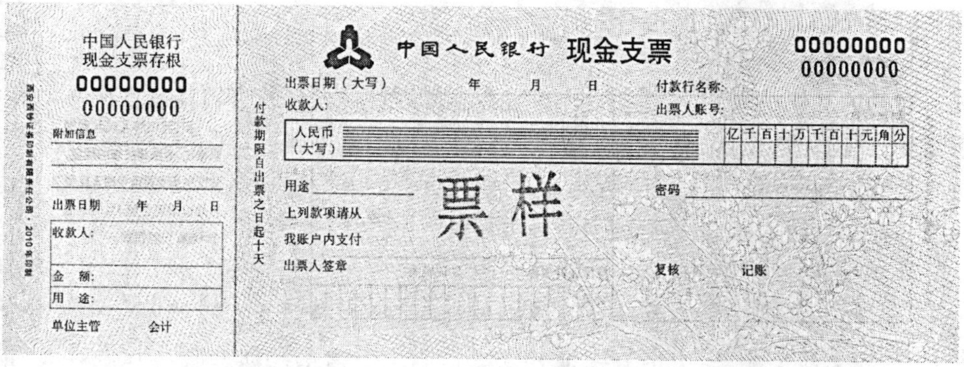

图1-1 现金支票票样

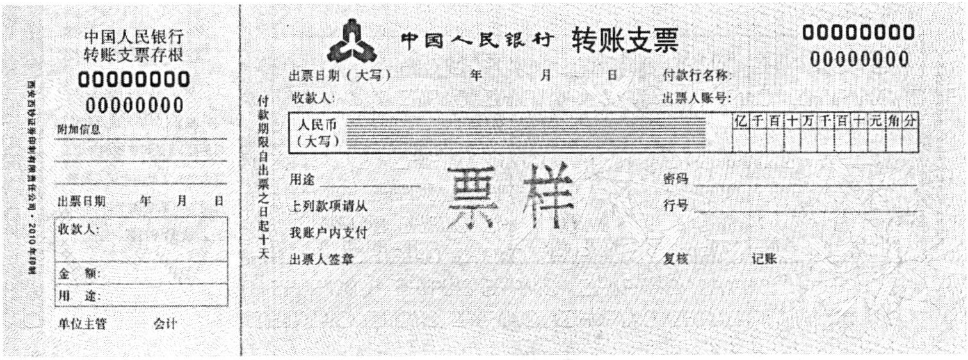

图 1－2　转账支票票样

（二）特点

（1）支票的提示付款期限为自出票日起 10 日，到期日遇节假日顺延。

（2）为加强支票的风险管理，人民银行规定：对出票人签发空头支票、签章与预留银行签章不符的支票，银行应予以退票，并按票面金额处以 5%但不低于 1 000 元的罚款；持票人有权要求出票人赔偿支票金额 2%的赔偿金。对屡次签发的，银行应停止其签发支票。

四、银行汇票的定义、种类及其特点

（一）定义

银行汇票是出票银行签发的，由其在见票时按照实际结算金额无条件支付给收款人或者持票人的票据。银行汇票是银行应汇款人（企业单位或个人）的请求，在汇款人按规定履行手续并交足保证金后，由银行签发给其持往异地办理转账结算或支取现金的票据。

根据兑付使用区域不同，分为全国汇票和华东三省一市汇票（上海、浙江、江苏、安徽）。

（二）特点

（1）单位和个人各种款项结算均可使用银行汇票。银行汇票可以用于转账，填明“现金”字样的银行汇票也可以用于支取现金。

（2）银行汇票的提示付款期限自出票日起 1 个月。持票人超过付款期限提示付款的，代理付款人不予受理。

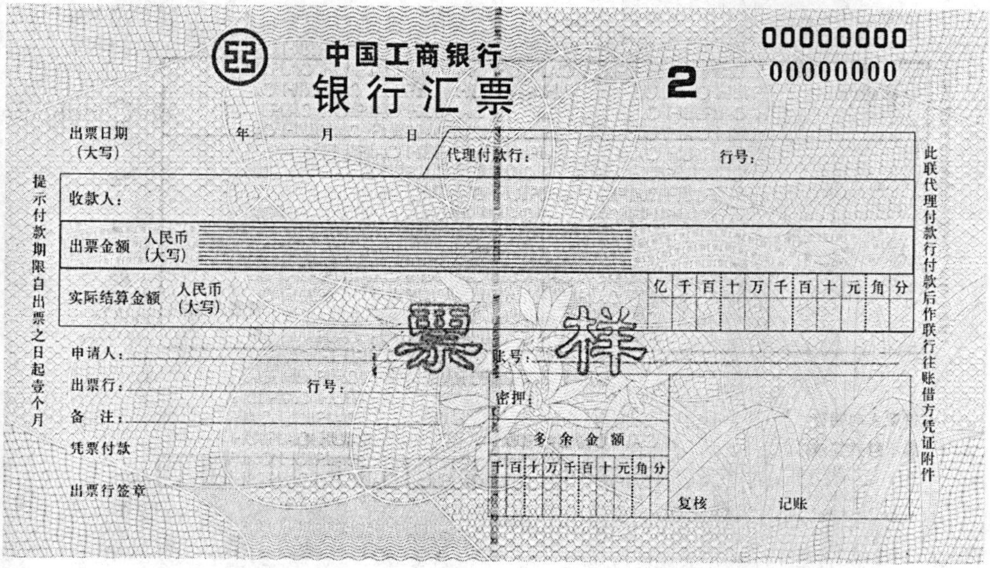
中国工商银行
银行汇票 2
00000000
00000000
出票日期（大写） 年 月 日
代理付款行： 行号：
提示付款期限自出票之日起壹个月
收款人：
出票金额 人民币（大写）
实际结算金额 人民币（大写）
亿 千 百 十 万 千 百 十 元 角 分
票样
申请人： 账号：
出票行： 行号：
备 注：
凭票付款
出票行签章
密押：
多余金额
千 百 十 万 千 百 十 元 角 分
复核 记账
此联代理付款行付款后作联行往账借方凭证附件

图 1－3　银行汇票票样

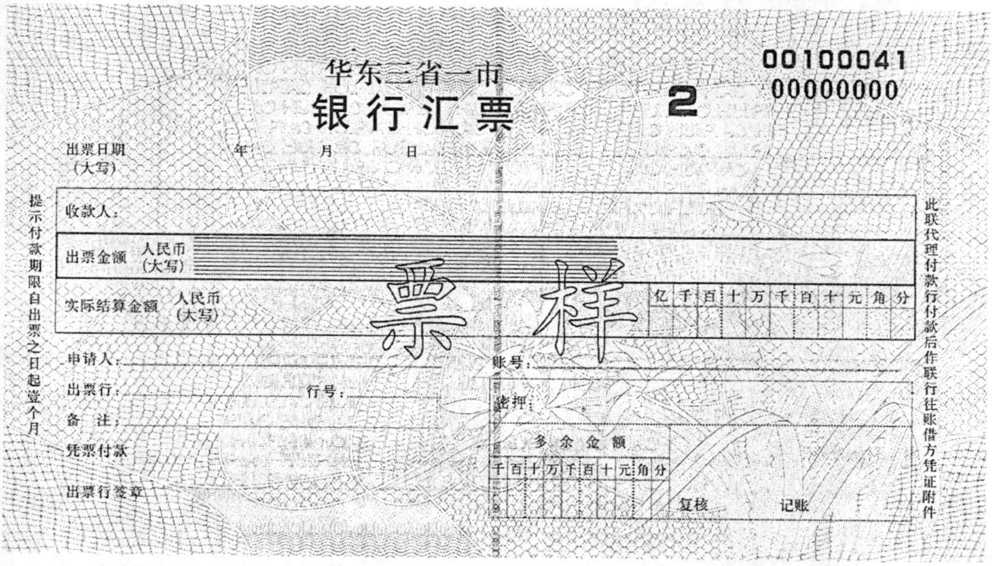
华东三省一市
银行汇票 2
00100041
00000000
出票日期（大写） 年 月 日
提示付款期限自出票之日起壹个月
收款人：
出票金额 人民币（大写）
实际结算金额 人民币（大写）
亿 千 百 十 万 千 百 十 元 角 分
票样
申请人： 账号：
出票行： 行号：
备 注：
凭票付款
出票行签章
密押：
多余金额
千 百 十 万 千 百 十 元 角 分
复核 记账
此联代理付款行付款后作联行往账借方凭证附件

图 1－4　华东三省一市汇票票样

五、银行本票的定义、种类及其特点

（一）定义

银行本票是银行签发的，承诺自己在见票时无条件支付确定的金额给收款人或者持票人的票据。

银行本票可以用于转账，注明“现金”字样的银行本票可用于支取现金。

银行本票分为不定额本票和定额本票两种。定额银行本票面额为 1 000 元、5 000 元、1 万元和 5 万元。

（二）特点

（1）银行本票的提示付款期限自出票日起最长不得超过 2 个月。持票人超过付款期限提示付款的，代理付款人不予受理。持票人超过提示付款期不获付款的，在票据权利时效内向出票银行作出说明，并提供本人身份证件或单位证明，可持银行本票向出票银行请求付款。申请人因银行本票超过提示付款期限或其他原因要求退款时，应将银行本票提交到出票银行，申请人为单位的，应出具该单位的证明，申请为个人的，应出具本人的身份证件。

（2）出票银行对于在本行开立存款账户的申请人，只能将款项转入原申请人账户，对于现金银行本票和未在本行开立存款账户的申请人，才能退付现金。

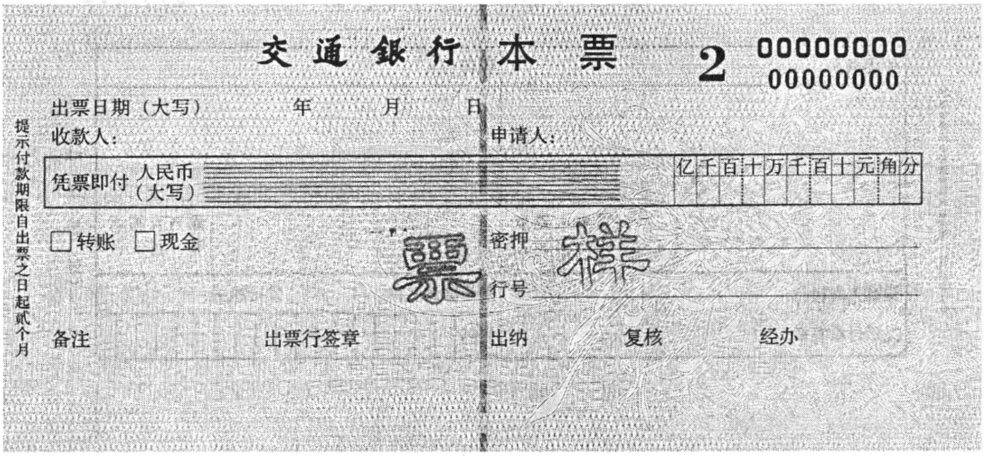
交通银行　本票　2　00000000 00000000

提示付款期限自出票之日起贰个月

出票日期（大写）　年　月　日

收款人：　申请人：

凭票即付	人民币（大写）	亿	千	百	十	万	千	百	十	元	角	分

□转账　□现金　密押

票样　行号

备注　出票行签章　出纳　复核　经办

图 1－5　银行本票票样

六、商业汇票的定义、种类及其特点

商业汇票是指由付款人或承兑申请人签发，由承兑人承兑，并于到期日向收款人或被背书人支付款项的一种票据。所谓承兑，是指汇票的付款人愿意负担起票面金额的支付义务的行为。商业汇票按其承兑人的不同，可以分为银行承兑汇票和商业承兑汇票两种。

（一）银行承兑汇票的定义及其特点

1. 定义

银行承兑汇票指由在承兑银行开立存款账户的存款人出票，向开户银行申请并经银行审查同意承兑的，保证在指定日期无条件支付确定的金额给收款人或持票人的票据。对出票人签发的商业汇票进行承兑是银行基于对出票人资信的认可而给予的信用支持。

2. 特点

（1）目前我国纸质银行承兑汇票每张票面金额最高为 1 亿元（电子的最大限额为 10 亿元）。

（2）纸质承兑期限最长不超过 6 个月（电子汇票的最长期限可达 1 年）。

（3）银行承兑汇票可以背书转让。

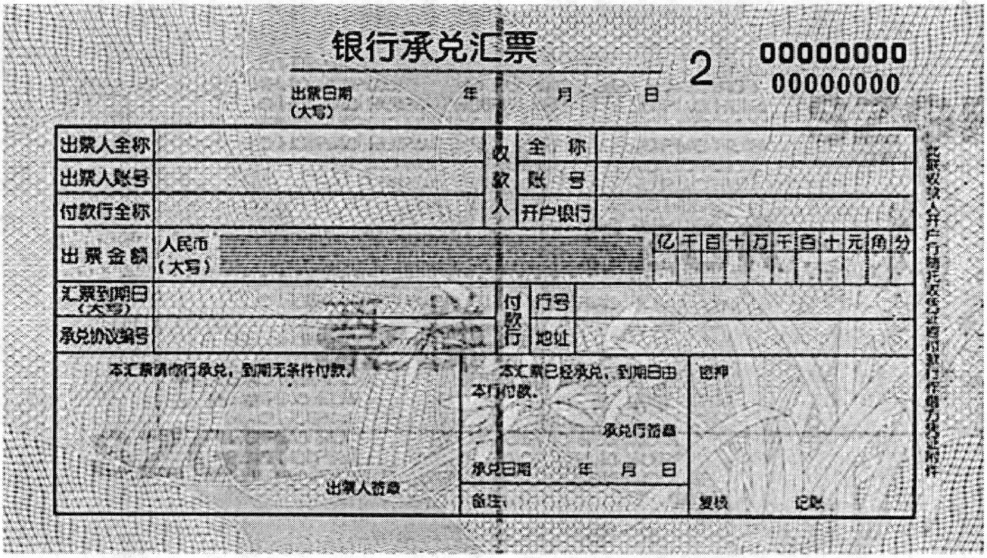
银行承兑汇票 2 00000000 00000000

出票日期（大写） 年 月 日

出票人全称		收款人	全称	
出票人账号			账号	
付款行全称			开户银行	
出票金额	人民币（大写）			亿 千 百 十 万 千 百 十 元 角 分
汇票到期日（大写）		付款行	行号	
承兑协议编号			地址	

本汇票请你行承兑，到期无条件付款。 出票人签章

本汇票已经承兑，到期日由本行付款。 承兑行签章 承兑日期 年 月 日 备注：

密押 复核 记账

此联收款人开户行随托收凭证寄付款行作借方凭证附件

图 1－6　银行承兑汇票票样

(4) 银行承兑汇票的持票人需要资金时，可持未到期的银行承兑汇票向银行申请贴现。

(5) 适用于同城或异地结算。

(6) 承兑申请人在银行承兑汇票到期未付款的，按规定计收逾期罚息。

(二) 商业承兑汇票的定义及其特点

1. 定义

指由收款人签发，经付款人承兑，或由付款人签发并承兑的商业汇票。

2. 特点

(1) 商业承兑汇票的付款期限，最长不超过6个月。

(2) 商业承兑汇票的提示付款期限，自汇票到期日起10天。

(3) 商业承兑汇票可以背书转让。

(4) 商业承兑汇票的持票人需要资金时，可持未到期的商业承兑汇票向银行申请贴现。

(5) 适用于同城或异地结算。

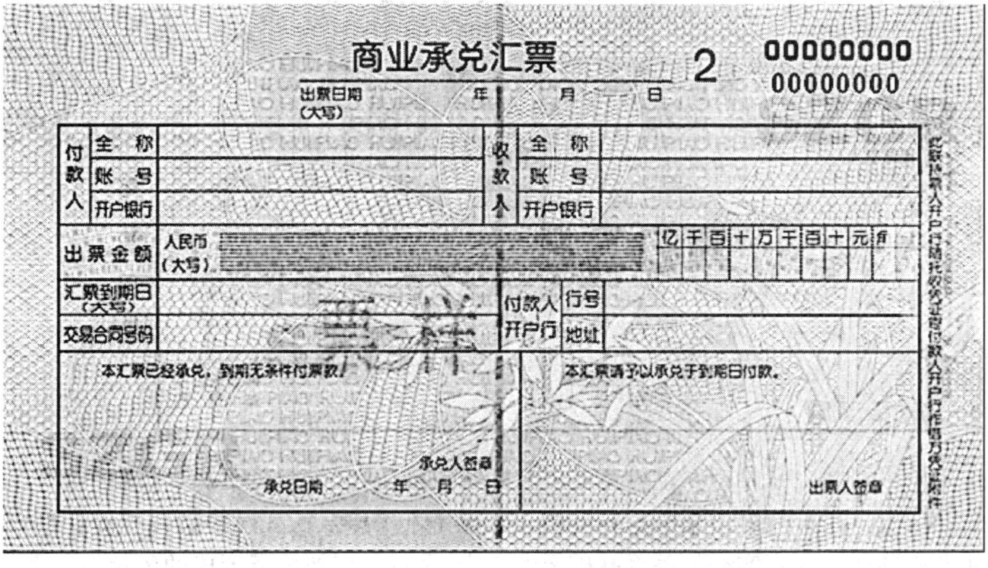

图1－7　商业承兑汇票票样

七、商业汇票流转流程图

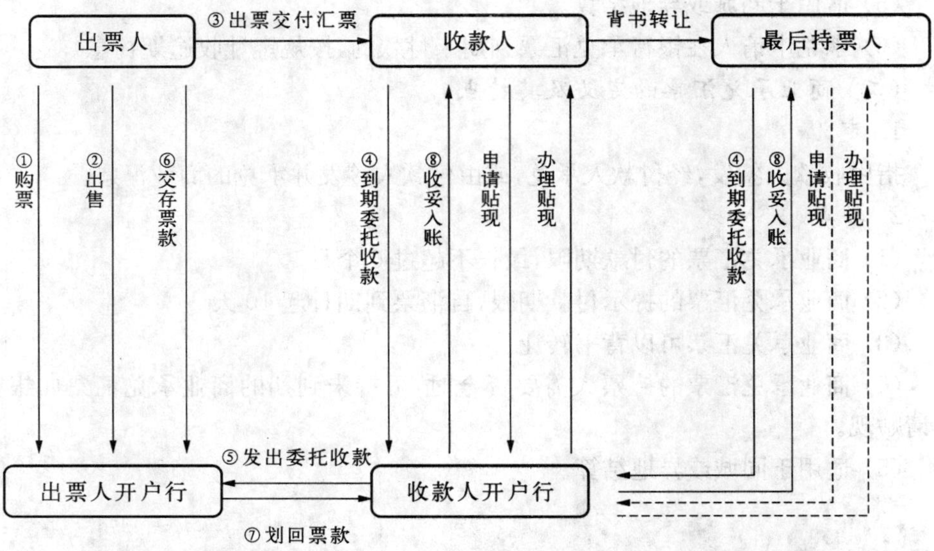

图1-8 商业汇票流转流程图

以上图形清晰地向大家展示了票据从出票到贴现,以及办理托收全部过程的流程。

第三节 票据业务的主要风险

一、政策风险

政策风险主要是指在办理商业汇票业务过程中,因未坚持合法、合规经营所形成的风险。政策风险最集中和典型的表现就是不严格执行人民银行关于商业汇票业务必须建立在真实交易关系基础上的规定,承兑融资票据所形成的风险。

二、票面风险

票面风险主要是指银行在承兑商业汇票业务时,由于操作不慎或审查不严,将有瑕疵、票面要素不全或克隆、变造、伪造的票据作为承兑质押所而造成的风险，或银行在办理商业汇票贴现业务时，由于操作不慎或审查不严，将有瑕疵的汇票，或票面要素不全，或伪造、变造的票据办理了贴现而造成的风险。

三、道德风险

道德风险根据动机的不同，可分为有意识的道德风险和无意识的道德风险，所以道德风险又可以区分为持票人风险和银行内部人员风险。

四、信用风险

信用风险主要是指商业汇票到期后，承兑申请人因资金不足，造成承兑银行垫款的风险，或承兑人因资金不足等原因，造成承兑汇票延迟兑付或不兑付，使贴现银行面临的风险。

五、票据保管风险

票据保管风险伴随票据业务整个过程，主要是指因保管不善造成票据毁损、遗失或被盗窃所形成的风险。

六、市场风险

市场利率变化对已办理的票据贴现业务所造成的风险。

第四节　票据行为特征及其构成要件

一、票据行为特征

票据行为是指能产生票据债权债务关系的要式法律行为，一般包括出票、背书、承兑、参加承兑、保证、保付等六种(《中华人民共和国票据法》未规定参加承兑和保付制度)。票据行为是民事法律行为，具有一般民事法律行为的特征。

但在票据制度中，基于票据的流通性等要求，票据行为又不同于一般民事行为，其意思表示方式，意思表示内容等又有自己的独特性。具体表现为票据行为的要式性、文义性、无因性和独立性。

基于民法中的私法自治原则，对于一般民事法律行为，法律强调当事人意思自由，包括当事人表达自己意思的方式的自由。在当事人意思表示时，法律所重视的是当事人意思表示的真实性，否则，允许当事人撤销自己的行为。而票据制度中，票据的流通性使票据关系的一方当事人只能通过票据形式识别相对方的意思表示。

票据行为者的意思表示要明确无误地传达到相对人，就要求票据行为方式的表面化、简单化、统一化，即票据行为必须依照法律规定的严格的行为方式进行。

1. 要式性

票据行为的要式性，首先表现为行为人的意思表示须以书面方式表达于票据之上。票据权利的发生、转移与行使，无不与票据存在的书面形式密切相关，故票据行为具有完全的书面形式特征，且同时表现为唯一的书面形式，亦即所有的票据行为，都必须通过与之相应票据这一证券书面，来进行其意思表示。

其次，行为人意思表示的内容均有严格的款式。为了保障票据的安全性和流通性，易于票据为他人识别，票据记载事项、记载文句、记载位置，均须依法定格式进行。

2. 文义性

票据行为的文义性，是指票据行为的内容完全取决于票据上的文字记载，不允许当事人以票据上记载文字以外的证据对记载文字予以变更。基于票据行为的文义性特征，票据债权人不能以票据上未记载的事项向债务人主张债权，债务人也不能以票据上未记载的事项对债权人抗辩。记载行为即意思表示行为。非以票据文字记载的意思表示不具有票据效力。

票据行为的解释与一般民事法律行为的解释完全不同。一般民事法律行为，除了其书面所表示的文义之外，还可以综合其他相关的情况，来确定行为人的真实意思，甚至可以依据其他相关事实，作出与书面所记载文义相反的解释。但对于票据行为，则必须依据所载文义进行解释，不允许依据票据记载以外的事实，对行为人的意思做出与票据所载文义相反的解释，或对票据所载文义进行补充和变更，也不允许以票据记载内容以外的信息去推断票据行为人的意思。票据行为的文义性旨在保护持票人的权利，加速票据流通。

3. 无因性

票据行为的无因性，也称票据行为的抽象性，是指票据行为的法律效力不受原因关系的影响而独立存在。通常情况下，作为某一法律行为基础的原因关系，对该法律关系起着决定性的作用。而票据行为则不受制于原因关系，如作为票据行为原因的买卖、借贷等原因关系是否存在、是否合理、是否合法，均不影响票据行为效力。故持票人无须证明原因关系上的债务的成立与存续，持票人只要能依据票据法律规定，证明票据债务的真实成立与存续，即可对票据债务人行使其票据权利。而票据债务人，亦不得以原因关系的欠缺或瑕疵，否定票据关系的成立，并进而拒绝履行应承担的票据金额的给付义务。

4. 独立性

票据行为的独立性，是指同一票据上没有形式上缺陷的各个票据行为各自独立发生效力，不受其他票据行为的影响。

二、票据行为构成要件

法律行为构成要件，是指法律行为有效成立的必要条件。票据行为属于民事法律行为，但又是《票据法》中的要式行为，除须具备一般民事法律行为构成要件外，还须具备《票据法》特别规定的要件。

票据理论中通常将票据行为构成要件分为实质要件和形式要件。

1. 实质要件

票据行为的实质要件，是指票据行为有效成立的实质要求。票据行为作为一种特殊的民事法律行为，通常适用民法的相关规定。

2. 形式要件

票据行为的形式要件，是指票据行为有效成立的形式要求。票据行为是要式法律行为，票据行为的形式和外观，是他人识别和判断票据行为人的意思和票据权利的依据，因此票据行为的有效成立，除具备实质要件外，还必须具备形式要件。票据行为形式要件主要包括记载事项、记载格式、票据签章和票据交付。

(1) 票据记载事项，是票据行为有效成立的形式要件之一，表现为票据记载的具体内容。依据《票据法》规定，票据记载事项有不同的效力。按照记载效力的不同，票据理论中一般将票据记载事项分为必要记载事项、任意记载事项和无益记载事项。

必要记载事项是指法律规定应该在票据上记载的事项，一般分为绝对必要记载事项和相对必要记载事项。

绝对必要记载事项，是指《票据法》规定票据行为人必须依法进行相应记载的事项。欠缺绝对必要记载事项，导致相应的票据行为无效的法律后果。出票行为的绝对必要记载事项包括：表明票据种类的文字、无条件支付或无条件委托支付的文字、确定的金额、付款人的名称、收款人的名称、出票日期和出票人签章。未记载上述七项之一者，汇票无效。背书行为的绝对必要记载事项包括：背书人与被背书人。根据《中华人民共和国票据法》第四十二条和第四十六条的规定，付款人承兑汇票应当在汇票正面记载"承兑"字样并签章，保证人必须在汇票或者粘单上记载"保证"字样并签章，否则不发生承兑和保证的效力。

相对必要记载事项是指票据上若对其未予记载，则应适用法律推定之内容，而并不因此导致票据行为无效的必要记载。

任意记载事项，也称可记载事项，是指《票据法》不强制当事人必须记载，而是允许当事人自由选择是否记载，不记载时不影响票据效力，而一经记载即产生票据效力的记载事项。

无益记载事项，是指票据上不应该进行记载或即使记载也不具有票据效力的记载事项。

(2) 票据签章和票据记载一起构成票据上意思表示的内容。票据记载表明票据行为的内容，而票据签章表明票据行为的主体。因此，在票据上签章是所有票据行为有效成立的最基本的条件。各种票据行为的内容虽有不同，但行为人的签章是各种票据行为的共同要求。签章也就成为各国《票据法》规定的票据行为最重要的形式要件。票据签章具体是指票据行为人在票据上签名、盖章或签名加盖章。根据签章行为主体的不同，可分为自然人签章和法人或非法人组织签章。

自然人签章，是指自然人作为票据行为人在票据上亲自书写自己的姓名，或加盖自己的印章，或亲自书写自己的姓名并加盖自己的印章。

(3) 票据交付是指票据行为人将完成记载的票据交给持票人的票据行为。《中华人民共和国票据法》第二十条规定："出票是指出票人签发票据并将其交付给收款人的票据行为。"依据该规定，出票由签发票据和交付票据两个行为构成。该法第二十七条规定：持票人转让汇票权利时，"应当背书并交付汇票"。可见背书是由背书和交付两个行为构成。因此，票据交付是票据行为成立的要件之一。

由于理论界对于票据行为的性质有不同认识，对于票据交付是否为票据行为成立的形式要件有不同主张，具体分为创造说和发行说。票据行为创造说认为，票据行为人完成票据记载并签章，票据行为即成立，而无需交付票据；票据行为发行说则认为，票据权利义务的发生，不仅须票据行为人完成票据记载并签章，而且须将票据交付给相对人，否则不发生票据行为的效力。

第五节 票据涉及的相关法律问题

一、票据权利

票据权利是持票人向票据债务人或关系人请求支付票据金额的权利，包括付款请求权和追索权。

1. 付款请求权

是持票人向付款人或承兑人请求按照汇票上记载的金额付款的权利。它是票据权利的基本功能。持票人可通过委托收款银行或者票据交换系统向付款人提示付款。

2. 追索权

是指汇票到期不获付款或期前不获承兑或有其他法定原因时，持票人在依法履行了保全手续以后，向汇票上的所有票据行为人请求偿还汇票金额、利息及其他法定款项的一种票据上的权利。

二、票据权利的消灭时效

1. 关于持票人的付款请求权的消灭时效

为尽快地支付票据金额，解除票据债务人的责任，《票据法》对持票人的付款请求权的消灭时效作出规定。

第一，对于远期汇票，从票据到期日开始，如果在 2 年之内，持票人持续没有向汇票的出票人或承兑人提示付款的，则该票据权利丧失，票据债务人可以不承担票据责任。

第二，见票即付的汇票、本票，从出票日起计算，持票人超过 2 年一直未向出票人或付款人要求支付票据金额的，则丧失该票据权利。

第三，对于支票，持票人的权利从出票日起 6 个月内持续不行使的，则该支票的权利丧失。

2. 关于票据追索权的消灭时效

为了防止追索权人在行使追索权和再追索权的过程中拖延时间，造成票据债务长期得不到了结，《票据法》对追索权的消灭时效作出了规定。

第一，持票人对前手的追索权，从被拒绝承兑或拒绝付款之日起 6 个月内不行使，则丧失该追索权。

第二，被追索人清偿票据债务后，从清偿日起或发生清偿纠纷被提起诉讼之日起 3 个月内不向其前手行使追索权，则该再追索权丧失。

根据以上规定，持票人或追索权人一定要注意权利的行使期间，并在该时效内行使自己的权利，防止合法权利的丧失。

三、票据抗辩

票据抗辩是指票据债务人根据《票据法》的规定对于票据债权人提出某种合法的事由从而拒绝履行其义务的行为。通俗地讲就是债务人以合法的理由拒绝支付票款。票据的抗辩分为对物抗辩和对人抗辩两种。

1. 对物抗辩

所谓对物抗辩，是指基于票据本身的内容有瑕疵而进行的抗辩。比如，债务人认为票据本身欠缺某些基本内容，如汇票上未记明金额、发票人没有签名、记有附带条件的支付委托等，认为该票据应该无效或消灭，从而拒绝进行付款，这种抗辩就属于对物的抗辩。

属于对物的抗辩包括：

① 票据欠缺应记载的内容；

② 票据到期日未到；

③ 票据已经依法付款；

④ 票据经判决为无效；

⑤ 票款已依法提存；

⑥ 欠缺票据行为能力；

⑦ 票据系伪造及变造；

⑧ 票据因时效而消灭；

⑨ 与票据记载不符的抗辩等。

对于前五项，任何票据债务人都有权拒绝支付票款。对于后四项，只限于特定债务人可以对所有债权人进行抗辩。比如对于伪造票据，由于被伪造者并未在票据上签字，因而被伪造者可以对任何债权人进行抗辩。

2. 对人抗辩

所谓对人抗辩是指特定的债务人对特定的债权人的抗辩。这种抗辩是基于当事人之间的特定关系而产生的，一旦持票人发生变更，就不得再进行抗辩。

属于对人的抗辩包括：

① 票据原因关系不合法，比如为支付赌债而签发的支票；

② 原因关系不存在或消灭，比如为购货而签发票据但对方没有发货；

③ 欠缺对价，比如持票人未按约提供与票款相当的商品或劳务等；

④ 票据债务已经清偿、抵销或免除而未载于票据上，可对直接当事人抗辩；

⑤ 票据交付前被盗或遗失，可对盗窃人或拾得人抗辩；等等。

票据的抗辩是为了防止不法行为，以保护债务人的合理权益。但对票据的抗辩如不加限制，有关票据债务人随意地抗辩就会影响票据的流通性。对此《中华人民共和国票据法》对抗辩作出限制："票据债务人不得以自己与出票人或者持票人的前手之间的抗辩事由，对抗持票人。但是，持票人明知存在抗辩事由而取得票据的除外。票据债务人可以对不履行约定义务的与自己有直接债权债务关系的持票人进行抗辩。"

四、现行票据丧失的救济方法及其不足

在世界上主要国家的法律和司法实践中，对票据丧失的救济方法主要有两种：一是失票人向法院申请公示催告；二是失票人在一定条件下向法院提起诉讼。大陆法系国家和地区多采前种方法，英美法系国家和地区多采后种方法。但是由于各国之间规定差异太大，目前国际上尚无对此的统一规定。《中华人民共和国票据法》对票据丧失规定了挂失止付、公示催告和提起诉讼三种救济方法：

1. 挂失止付

挂失止付是指在票据丧失后，失票人将票据丧失的情况通知付款人（包括代理付款人），请求付款人在法定期限内对挂失的票据不予付款，防止票据款项被人领取（包括善意第三人），以保护失票人权利的票据丧失救济措施。

根据中国人民银行发布生效的《支付结算办法》第四十八条规定，"已承兑的商业汇票、支票、填明'现金'字样和代理付款人的银行汇票以及填明'现金'字样的银行本票丧失，可以由失票人通知付款人或者代理付款人挂失止付。"法律出于对付款人利益保护、避免由付款人承担失票风险的考虑，限制挂失止付的适用范围是合乎法律精神的。

挂失止付的提起人应为丧失票据的人，即失票人。《中华人民共和国票据法》第十五条只规定失票人可以挂失止付，并未限制失票人资格。因此，对于失

票人应当从宽理解，不应以票据权利人为限，丧失票据占有的权利人、义务人或者票据关系人均有权提起挂失止付。挂失止付的相对人应为丧失的票据上记载的付款人，包括代理付款人。挂失止付的效力在于使收到止付通知的付款人暂停票据付款，付款人在接到挂失止付通知后，应在法定的期间内停止对票据的付款，否则应承担赔偿责任，但付款人或代理付款人在收到挂失止付通知前已付款的除外。

结合《中华人民共和国票据法》和《支付结算办法》规定，付款人或者代理付款人在收到挂失止付通知书后，应在 3 日内暂停止付，在这 3 日时间内，如果付款人收到了失票人已提起诉讼或者申请公示催告的证明，则可以使止付的效力延长到 12 日。之后如果收到法院的止付通知书，挂失止付应当继续维持下去，直至法院对票据权利作出判决。由此可见，挂失止付只是失票人丧失票据后可以采取的一种临时补救措施，以防止所失票据被他人冒领。挂失止付并未对票据权利加以确认，失票人若想恢复自身的票据权利必须通过公示催告程序或者诉讼程序。另外，挂失止付程序也不是公示催告程序和诉讼程序的必经程序。

2. 公示催告

所谓公示催告，既是一种法律程序，又是一种法律制度。从前一种意义上讲，是法院依失票人的申请，以公示的方法，催告票据利害关系人在一定期限内向法院申报权利，如在一定期限内没有申报权利，则产生失权的法律后果的这样一种程序；从后一种意义上讲，则是失票人向法院提出申请，请求宣告票据无效，从而使票据权利与票据本身相分离的一种权利救济制度。

进行公示催告，首先需要由合法申请人向有管辖权的法院提出公示催告的申请。根据《中华人民共和国票据法》第十五条第二款的规定，如果失票人未向付款人发出挂失止付通知，可以随时申请公示催告；如果失票人已经向付款人发出挂失止付通知，则应当在通知挂失止付后 3 日内，申请公示催告。有权提出公示催告的申请人应为票据的合法权利人，包括票据上所记载的收款人以及能够以背书连续来证明自己为票据合法权利人的被背书人。同时还应当允许出票人作为公示催告的申请人。在票据遗失后，已经知道现实持有人的情况下，失票人则不能成为公示催告的申请人，只能依普通民事诉讼程序，提起返还票据的诉讼。法院受理公示催告申请后，应当立即向票据付款人发出止付通知，并应当在 3 日内发出公告，催促利害关系人申报权利，公示催告期间至少为 60 日。

在公示催告期间，有人提出权利申报或提出相关的票据权利主张时，法院就应当立即裁定终止公示催告，并通知申请人和票据付款人。在公示催告期间届满后、除权判决作出前，有利害关系人申报权利的，也应该裁定终结公示催告。此后，申请人与权利申报人就应通过普通民事诉讼解决双方有关票据权利归属的纠纷。公示催告期满，没有人提出权利申报或者提出相关的票据，或者申报人提出的票据非申请人丧失的票据时，则依申请人的申请，由法院做出除权判决，宣告票据无效。

3. 普通诉讼程序

失票人在丧失票据后，可以直接向法院提起民事诉讼，请求法院判令票据债务人向其支付票据上所载的金额。法院根据失票人的申请对票据权利归属做出判决，认定申请人是否为所失票据的合法权利人。我国《票据法》没有对该程序作出详细规定。

我国票据丧失的救济存在着以下缺陷：

首先，挂失止付程序仅仅是一种临时性的补救措施，并不能从根本上解决票据合法权利人丧失票据权利的问题。

其次，我国对公示催告程序做出 60 日公告期间的规定。公告期间或者公告期届满后、除权判决作出前，如没有利害关系人申报权利，则通过判决宣告票据无效，恢复申请人的票据权利。

然而，在实践中，可能出现票据的利害关系人并没有在 60 日的公告期内发现所持有的票据正在被进行公示催告的事实，因而也不可能去申报权利。如此一来，则票据丧失的风险则完全落在了票据善意第三人身上，不利于票据的流通，也对善意第三人相当不公平。

再次，我国《票据法》中没有对如何通过普通诉讼程序解决票据权利归属纠纷作出规定，民事诉讼法中也仅规定了，利害关系人在除权判决生效后，还可以向人民法院起诉。这些缺陷都导致了对票据利害关系人和善意第三人保护的不力。票据的原权利人无论是因被盗、遗失或者其他原因而丧失票据，其自身都存在一定程度上的过错，应当由自身承担票据丧失的相当程度的风险。法律规定了对其票据丧失的救济，但却不可以矫枉过正，使得票据丧失的风险完全转移到他人身上，否则就违背了基本的公平原则，挫伤民商事活动当事人使用票据的积极性，这对票据本身的流通性同样是个极大的损害。

第六节 案例分析

案例一：退票理由不恰当 客户要求赔付支票款

案例背景

2009年4月21日Y公司向L公司交付了由上海某银行虹口支行(下称虹口支行)开立的金额为人民币16万元、收款人为L公司的支票一张，收到该张支票后，L公司向虹口支行提示付款，虹口支行于次日发出退票通知，理由是公章不清，予以拒付。L公司认为该张支票上仅有Y公司的财务专用章、法定代表人私章，未有企业公章，虹口支行虚拟“公章不清”，与事实不符，属于无正当理由退票，故向法院起诉要求虹口支行向其赔付支票款人民币16万元，以及迟延履行付款利息。

法院经审理后查明认为，根据司法鉴定的结果，L公司提示付款支票的财务专用章与出票人Y公司在虹口支行处预留印鉴卡上的财务专用章，经比对不是同一枚印章所盖，虹口支行的退票理由并无不当，且无论是采用“公章”抑或“财务专用章”的用词，均不影响虹口支行以“印鉴不清”为退票理由的真实意思表示。同时，L公司在收到退票通知后，可以依法行使对此票款的追索权，原告未予行使，从而遭受损失，责任不在虹口支行处，故判决驳回L公司的全部诉讼请求。

案例分析

本案中的争议焦点在于在支票上仅有财务专用章和法定代表人私章的情况下，银行使用“公章不清”作为退票理由是否存在不妥当或者错误之处。

(1)“公章”用词以及鉴定报告中“不符”的结果不影响银行退票真实意思表示。

首先，法院对支票上加盖的财务专用章向上海市司法鉴定中心(下称“鉴定中心”)申请鉴定，最终鉴定中心出具的鉴定报告，认为支票上的财务专用章与银行处预留的专务专用章不符。虽然从文字表述上来看“不清”与“不符”属于两个概念，但是，鉴定中心无法鉴定所谓“不清”的标准，其只能鉴定相符或者不符，而银行的验印系统能够检验“不符”与“不清”，可以说银行检验出的“不符”、“不清”应属于鉴定中心所称的“不符”，因此，鉴定报告中“不符”的结果不影响银行以“印鉴不清”作为退票理由的真实意思表示。

其次，根据《票据法》司法解释，“支票上的出票人的签章，出票人为单位的，为与该单位在银行预留签章一致的财务专用章或者公章加其法定代表人或其授权的代理人的签名或者盖章”，从该款规定可以看出，“财务专用章”或者“公章”指向的是出票人为法人或者单位的“公”章，因此，按照上述规定不难得出银行在退票理由通知书中所称“公章”指向的是“财务专用章”，虽然银行用词并不十分准确，但同样并不影响银行将“印鉴不清”作为退票理由的真实意思表示，不存在所谓违规情况。

(2) 银行出于审慎考虑才使用“公章不清”作为退票理由。

根据 2005 年以后中国人民银行上海分行的规定，支票上出票人的签章可能存在“印鉴不符”和“印鉴不清”情况的，上海区域性票据交换退票理由新增“印鉴不清”的退票理由。银行对本案涉及的支票通过影像比对系统比对，在“部分重合、部分不重合”的情况下，出于审慎考虑，以较轻的理由即“印鉴不清”为退票理由，若以“印鉴不符”，则需要对出票人以票面金额 5%处以罚款。

(3) L 公司在收到退票通知后，可以依法行使对支票的追索权，保护其权益，而 L 公司自己并未行使，损失责任并不在银行处。

综上所述，银行使用“公章不清”作为退票理由不存在错误或者违规之处。

案例启示

本案的审理给银行带来的启示是：银行可以在签发退票通知书时，注意对相关专业术语的准确表述，以避免类似争议发生。

案例二：甲公司诉乙公司票据利益返还请求权纠纷案

案例要旨

支票的收款人记载错误，持票人自始未取得票据权利，对此，法院严格遵循票据的文义性和商事外观主义，认定不属于《中华人民共和国票据法》第十八条“因票据记载事项欠缺而丧失票据权利的，仍享有民事权利，可以请求出票人或者承兑人返还其与未支付的票据金额相当的利益”之情形。

案例背景

乙公司向案外人孙某出具一张中国建设银行上海市××分行支票，出票日期记载为2011年2月25日、金额为20万元，收款人及用途栏为空白。后孙某为归还所欠甲公司债务，将系争支票交付甲公司，并在支票收款人一栏填写“上海XX投咨询有限公司”，与甲公司名称“上海XX投资咨询有限公司”存在“一字之差”。

2011年3月4日，甲公司将系争支票存入银行，同月7日，××分行出具退票通知书，退票理由为账户存款不足。甲公司遂诉至法院要求乙公司支付票据款20万元。

裁判结果

上海市第二中级人民法院于2012年11月1日作出(2012)沪二中民六(商)终字第130号终审民事判决：驳回甲公司原审诉讼请求。

裁判理由

法院认为：尽管本案中甲公司提交的证据足以证明其为从孙某处取得票据已经支付了相应对价，但是，系争支票收款人名称与甲公司存在一字之差，根据票据的文义性，甲公司不享有票据权利。同时，支票收款人名称栏尽管为非必要记载事项，允许持票人补记，但是若收款人名称记载错误，则基于票据的收款人名称不能更改，持票人自始不能取得相应的票据权利，并不属于持票人因票据记载事项欠缺而丧失票据权利之情形。故甲公司不享有票据权利，亦不能基于《中华人民共和国票据法》第十八条之规定享有票据利益返还请求权，即不能请求出票人返还其与未支付的票据金额相当的利益。至于甲公司就取得系争票据已经支付的对价，可以基于其与孙某之间的民事权利义务关系向其追偿。

裁判意义

《中华人民共和国票据法》第十八条规定，在“持票人因超过票据权利时效或者因票据记载事项欠缺而丧失票据权利的，仍享有民事权利，可以请求出票人或者承兑人返还其与未支付的票据金额相当的利益”。在因单纯交付取得票据，而支票收款人这一非必要记载事项记载错误的情况下，是否适用该条款，该案遵循了商事严格外观主义原则。尽管支票的“收款人”一栏为非必要记载事项，但是该栏若记载错误，则与记载欠缺可授权补记存在本质差异，记载错误将导致持票人自始未取得票据权利，不适用《中华人民共和国票据法》第十八条之规定。持票人尽管就取得票据已经支付对价，但只能基于基础交易的债权债务关系向相对方主张民事权利，而不能对出票人或其他票据债务人享有民事权利。

本案理清了《中华人民共和国票据法》第十八条“票据利益返还请求权条款”适用的前提是票据有效。在票据流转频繁、金融市场交易活动活跃的今天，本案裁判强调票据的文义性和商事外观主义，有助于进一步规范票据行为，引导银行规范操作，维护正常的票据流转关系。

本章思考题

1. 商业汇票的种类、定义及特点。
2. 简述票据行为特征及其构成要件。
3. 票据付款请求权和追索权的定义。
4. 简述票据权利的消灭时效。
5. 简述票据权利丧失的救济方法。
6. 简述票据业务的主要风险。

本章小结

- 一、票据种类及作用
- 二、支票、银行汇票、银行本票及商业汇票的定义、种类及其特点
- 三、票据业务关键风险：政策风险、票面风险、道德风险、信用风险、票据保管风险
- 四、票据行为特征及其构成要件
  - （一）票据行为特征：要式性、文义性、无因性、独立性
  - （二）票据行为构成要件：实质要件、形式要件
- 五、票据涉及的相关法律问题
  - （一）票据权利：付款请求权、追索权
  - （二）票据权利消灭时效
  - （三）票据抗辩
  - （四）票据丧失救济方法：挂失支付、公示催告、诉讼程序

第二章

银行承兑汇票业务

第一节 银行承兑汇票开立条件及流程

一、受理条件

(1) 须是在当地登记注册的法人或其他经济组织,不能是个人和单位的内设部门;

(2) 持有人民银行核发的有效贷款卡(号);

(3) 在银行开立结算存款账户,并经常发生结算往来,现金流充足,具有较强的支付能力;

(4) 与受票人之间具有真实合法的商品交易或劳务关系;

(5) 提供与受票人之间交易的合同原件及复印件。

二、操作流程(参见图 2-1“银行承兑汇票流程图”)

三、期限、费率

银行承兑汇票最长期限不得超过 6 个月。

按票面金额向承兑申请人收取万分之五的手续费,不足 10 元的按 10 元计收。

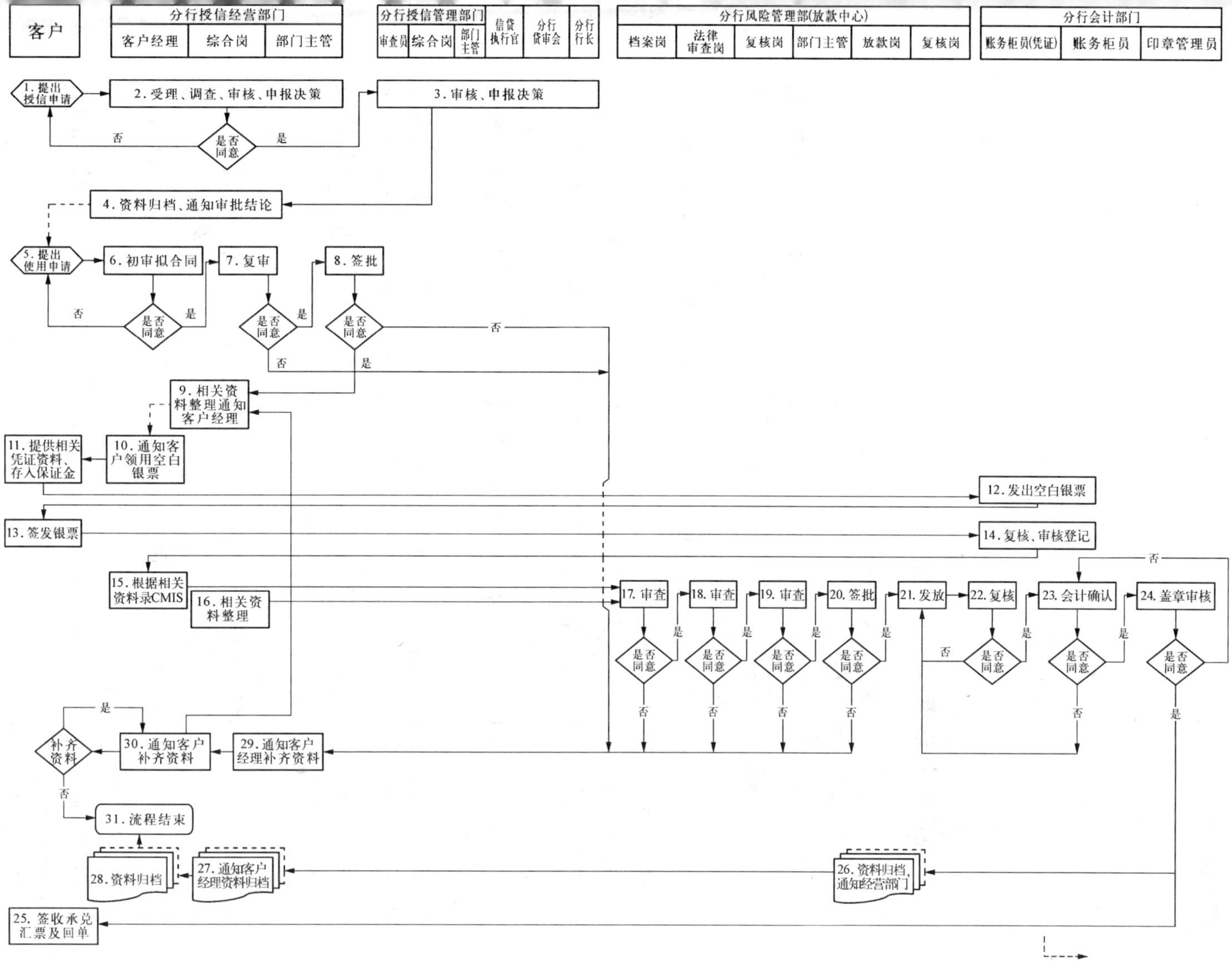

图 2-1　银行承兑汇票流程图

第二节　会计核算手续

一、承兑会计处理流程

1. 会计人员收到承兑汇票审核内容

收到客户经理交来已签发的汇票和承兑协议，主要审核以下内容：

(1) 审核相关资料是否齐全，内容是否准确、完整、各资料内容是否相符，金额、出票日期、收款人名称有无涂改，各级审查、审核、审批有权签字人是否齐全，审批意见是否明确同意办理。

(2) 出票人是否在本行开立存款账户，汇票上记载的出票人名称、账户号是否相符，汇票是否是统一规定印制的凭证。

(3) 客户是否在银行承兑汇票第一、二联上签章，其他资料签章是否齐全，并启用验印系统或抽卡折角核对客户第一、二联签章与预留银行印鉴是否相符。

(4) 协议中如约定有保证金事项，需查询保证金账户中是否已存入足额保证金。

审核无误后，会计人员按规定办理承兑操作手续，系统自动登记应收银行承兑汇票款项，同时系统自动产生相应的银行承兑汇票电子卡片，并向客户收取协议中约定金额的承兑手续费、风险敞口费，并在汇票第一、二联上注明承兑协议编号、授权的经办人签名或盖章。

2. 印章管理员核对盖章

印章管理员收到相关银行承兑汇票、承兑申请书连同合同等原始凭证，主要审核以下内容：

(1) 如协议中约定有保证金事项，需查询客户保证金账户是否已存入足额保证金，对应的保证金卡片状态是否已改为“已使用”。

(2) 核对银行承兑汇票电子卡片要素是否与实物票据要素及协议记载相符，签发是否正确。

核对无误后在第二联银行承兑汇票“承兑人签章”处加盖汇票专用章并由授权

的经办人签名或盖章。

3. 银票交接

印章管理员完成盖章审核后将银行承兑汇票第一联、承兑协议副本留存按到期日排列专人专夹保管，审批书退还业务部门，将银行承兑汇票第二、三联连同承兑协议交付申票人。

二、承兑会计分录

承兑行发生会计分录为：

借：XX科目　　　　　　　应收承兑汇票分户

　贷：XX科目　　　　　　　应付承兑汇票分户

并指定专人将银行承兑汇票登记簿的余额与保存的第一联汇票底卡联进行核对，以保证金额相符。

银票承兑行接到拟贴现银行的查询后，应认真核对查询内容并按照“有查必复、复必详尽”的原则回复。商票承兑人开户行应对拟贴现银行的商票查询在印鉴核对等方面给予积极配合。

三、其他处理会计核算手续

1. 到期解付处理流程

(1) 到期日扣款。

会计部门应每日查看汇票的到期情况，对到期的汇票，应于到期日(法定休假日顺延)向出票人收取票款。

出票人账户足额扣除银行承兑汇票票款，其会计分录为：

借：XX科目　　　　　　　应付承兑汇票

　贷：XX科目　　　　　　　应解汇款—银行承兑汇票分户

借：XX科目　　　　　　　出票人结算账户

(或)XX科目　　　　　　　出票人保证金账户

　贷：XX科目　　　　　　　应收承兑汇票

出票人账户无款或不足支付时，对欠款部分应于次日转入该出票人的逾期贷款户(转垫款科目)，每日按万分之五计收利息，按垫款核算并管理。其会计分录为：

借：XX 科目　　　　　　　　　应付承兑汇票

　贷：XX 科目　　　　　　　　　应解汇款—银行承兑汇票分户

借：XX 科目　　　　　　　　　出票人逾期贷款户

　贷：XX 科目　　　　　　　　　应收承兑汇票

（2）解付处理流程。

会计人员在收到持票人开户行寄来的委托收款凭证及汇票，抽出专夹保管的第一联汇票底卡和承兑协议副本，并认真审查：

① 该汇票是否为本行承兑，辨认银行承兑汇票真伪，与汇票卡片核对号码和记载是否相符。

② 审核背书是否作成委托收款背书，背书转让的汇票其背书是否连续、签章是否符正确清晰，背书使用粘单的是否按规定在粘接处签章。

③ 委托收款凭证填写是否正确、完整，是否有委托收款行签章和必要记载事项。

经审查无误后，应于汇票到期日或到期日之后的见票当日，按照委托付款的付款手续处理，其会计分录为：

借：XX 科目　　　　　　　　　应解汇款—银行承兑汇票分户

　贷：XX 科目　　　　　　　　　联行往账

　(或)XX 科目　　　　　　　　　辖内往来

2. 未用退回处理流程

办理银行承兑汇票未用退回业务，必须要求客户出具由客户填写的银行承兑汇票未用退回申请或单位公函，并要有与银行预留印鉴名称相同的单位行政公章，以及有权人签章。会计人员审核第一联卡片联与银行承兑汇票各要素是否相符，银行承兑汇票是否已挂失、公示催告，未用退回申请说明书或单位公函签章是否与银行预留印鉴章名称相符，辨认银行承兑汇票彩色印花、水印、荧光变形曲线、行徽等标识是否真实、有效。

审核无误后，作银行承兑汇票未用退回处理，在银行承兑汇票上加盖未用退回章或注明未用退回字样，把未用退回申请书或单位公函、银行承兑汇票作为未用退回记账依据，未用退回申请书或单位公函作附件。

① 未用退回时间为到期日前时，会计分录为：

借：XX 科目　　　　　　　　　应付承兑汇票

　贷：XX 科目　　　　　　　　　应收承兑汇票

② 未用退回时间为到期日且当天还未扣客户账款时，会计分录为：

借：XX科目　　　　　　　　应解汇款—银行承兑汇票

　贷：XX科目　　　　　　　　应收承兑汇票

③ 未用退回时间为到期日且已扣款成功或到期日后，会计分录为：

借：XX科目　　　　　　　　应解汇款—银行承兑汇票

　贷：XX科目　　　　　　　　承兑申请人存款账户

第三节　银行承兑汇票业务风险防范

一、准则和要求

(1) 严禁承兑不具有真实交易关系的银行承兑汇票，防止出现融资性票据。严禁虚开和滚动承兑(即以承兑新的商业汇票代替到期商业汇票)。

(2) 严格控制关联企业之间的票据承兑业务，防止关联企业相互开票，虚增营业额，虚设贸易背景，滚动、频繁对开对贴，利用银行承兑汇票骗取银行信用。

(3) 对大额关联交易及具有融资嫌疑的票据业务，要跟踪了解商业汇票项下是否发生了实际货物转移，且货物流与资金和汇票的流向一致，对无法了解情况和确认真实交易背景的此类业务不予办理。

(4) 保证金资金来源必须合法。严格按规定程序操作，在承兑前，审查客户是否提供承兑保证事项，客户以保证金作为保证事项的，存入的保证金是否在规定的下限之上；客户以质押作为保证事项的，经办人员要对质押票据各要素进行认真审查，以免因审核不严而将有瑕疵、要素不全或克隆、变造、伪造的票据作为质押物，造成银行资金风险。银行承兑汇票尚未兑付前，不得擅自将保证金账户资金转出。承兑申请人应在汇票到期前保证其账户有足额资金。汇票到期日，持票人请求兑付的，银行凭已到期银行承兑汇票无条件依顺序从承兑申请人保证金账户、结算账户扣款，若不足扣款，银行将对欠款部分作垫款处理。

(5) 以银行承兑汇票进行质押时，出质人应拥有完整、合法、有效的所有权，汇票不存在任何瑕疵，未被依法扣押、监管，不存在争议、诉讼(仲裁)等情况；在办理质押担保时，不得接受票据上记载“不得转让”、“委托收款”、“现金”、“质押”字样的汇票；应有出质汇票的查询查复书以及出质人与其前手之间的商品交易合同和发票，并要求出质人在出质汇票上正确背书记载“质押”字样并签章。

(6) 不得以企业间的委托书代替申请开票企业应出具的合同。使用银行承兑汇票预付货款或以交付银行承兑汇票达成交易的，由于在承兑汇票时不能查验增值税发票(或普通发票)，因此特别需要对交易合同的真实性进行严格审查；承兑后的一定时期必须实行跟踪检查，并索取相应凭据。

(7) 不得为欠息及发生承兑垫付未清的企业办理承兑业务。

(8) 已承兑的银行承兑汇票丧失后，可以进行挂失止付，但必须在挂失止付 3 日内或者在票据丧失后直接依法向人民法院申请公示催告，或者向人民法院提起诉讼。失票人向法院申请公示催告的，银行收到法院停止支付的通知，应当停止支付，至公示催告程序终结，法院经过公示催告判决宣告票据无效并通知银行的，自判决公告之日起，银行可接受失票人的支付请求。

(9) 在银行承兑汇票承兑后 2 个月内，客户经理应及时查验增值税发票(或普通发票)原件，认真履行发票原件核对、复印件收集工作。确认发票原件与交易合同相吻合后，原则上应在发票原件上加盖“已办理银行承兑汇票”字样，同时必须在留存的发票复印件上加盖“与原件核对无误”字样并签字或盖章确认。

(10) 不得为房地产企业办理承兑业务。

二、贸易背景真实性审查

1. 交易合同的审查(“钢材购销合同”样本见附件 1)

(1) 合同上的购销双方应与增值税发票上的购销双方及商业汇票的最后持票人相符；

(2) 合同主要条款完备、要素齐全、填写完整准确。交易内容的数量、单价、金额之间符合逻辑；

(3) 合同的签订日期应不迟于商业汇票的出票日；

(4) 合同金额应不小于商业汇票的金额；

(5) 原则上合同应加盖购销双方的合同专用章和法定的代表人或其授权的代理人的签章；

(6) 原则上合同付款方式条款中应明确使用商业汇票结算。

2. 用途的审查

审查汇票用途，无论企业是否提供全额保证金，都必须严格审查企业的合法性文件和贸易背景，必须以真实的商品交易合同为基础，银行承兑汇票的实际用途必须与申请批准用途一致。不准承兑融资性汇票，不准用银行承兑汇票套取资金进入股市，对企业集团内部或关联企业之间结算往来使用银行承兑汇票，或以银行承兑汇票作为企业预付款项的，都要严格把关，严密跟踪，并注意：

（1）票据的收款人是否与交易合同的卖方一致；

（2）商品交易合同的签订时间、履行期限是否与票据的出票行为相衔接；

（3）如系大额承兑汇票，与该客户以往的大宗交易记录是否相称；

（4）商品交易合同约定的结算方式是否银行承兑汇票结算，承兑期限与申请开立的汇票期限是否衔接；

（5）如系商品流通企业的申请人，其购入商品的销售合同是否落实并与采购合同相匹配，商品物流的位移方向、定价是否有悖于经济运行的规律；

（6）如系已达成的交易，要审查客户提供的有关增值税发票；

（7）如系首次贸易，客户是否对票据的给付与所购商品的交付采取制约措施；

（8）是否关联交易或集团内部的存货转移；

（9）如系循环额度，则以往承兑的汇票是否入账“应付票据”科目核算，其对方科目是否符合会计制度；其背书转让、贴现等票据行为有无利用关联交易套取银行信用的现象等。

三、承兑申请人的主体资格和资信情况的审查

审查承兑申请人的主体资格和资信情况，承兑申请人应符合承兑授信的基本条件，承兑对象主要为银行可接受的信用评级的客户，对异地企业原则上不予办理汇票承兑业务。

四、保证金缴存及账户管理

按客户风险等级和出票金额缴存保证金比例，办理商业汇票承兑业务原则上收取不低于银行设定的最低保证金比例或落实不低于规定最低比例票面金额的本行存单质押，对保证金之外的差额部分必须落实担保措施，保证出票资金安全。

五、银票开立后的管理要求

（1）重点加强对滚动签发银票业务的监控和管理，对当年累计签发银行承

兑汇票超过一定金额(如3 000万元以上)的客户,或贷款卡中显示客户在各家银行合计签发的银行承兑汇票与其实际经营规模不匹配的,无论是否完全现金保证,贷后检查时必须逐户落实实地查访,在贷后检查中必须就客户的经营状况和业务规模是否与银行承兑汇票签发量(包括在他行签发量)相吻合作出详细说明。对于承兑业务量与企业实际经营规模明显不匹配的企业,要在核实交易背景真实性的基础上,及时调整企业的票据业务授信额度。

(2) 强化信贷资金贷后管理,实行还款来源监测。在贷后检查中,通过收集与信贷资金使用相关的资料和凭证、约见企业进行实地查访、第三方调查等方式,跟踪信贷资金流向,监测借款人信贷资金的使用是否符合规定。授信经营单位应对借款人的专门资金回笼账户资金往来情况进行监测,合理分析借款人的真实还款来源,确保回笼资金优先用于偿还交行贷款。若发现借款人资金账户存在异常流向的,应及时采取措施,防范信贷资金挪用和还款资金落空的风险。

(3) 严格执行用途监控管理要求,对银行承兑汇票业务要求在票据签发后银行规定的时限内(如2个月内),按照业务管理的要求收集审核发票并完成用途监控。

第四节 案　例

案例背景

B公司:A集团公司的全资子公司,属大型民营企业。注册资本:6 000万元,持股85%,王某出资800万元,持股15%。

A公司:2000年成立,注册资本3.2亿,其中葛某出资2.8亿,占总股本的87.5%,其他均为个人股东。法人代表:葛某。

主营:汽车配件销售,兼营对外贸易级转口贸易等,是东风汽车五大代理销售商之一,排位第三。

2000 年，A 公司进入股市，并坐庄某股票，为筹集坐庄所需资金，A 集团公司先后成立了上海某投资有限公司、深圳某投资有限公司、武汉市某投资有限公司、北京某投资有限公司和香港某投资有限公司五家投资类公司，B 公司同时也坐庄该只股票。

2002 年 9 月～2003 年 8 月，甲支行累计为 B 公司办理了 92 笔银行承兑汇票，金额 7.4 亿元。9 月的某日，甲银行得知 B 公司高层管理人员集体失踪，通过因特网查询，获悉公司坐庄的股票“雪崩”，损失惨重，此时，甲支行对 B 公司承兑未到期的银行承兑汇票 63 笔，金额 4.9 亿元，保证金存款 2.7 亿元。

案例分析

(1) 对客户评价报告的相关事项调查不到位。例如客户评价报告中基本情况调查，要求对申请人是否参与股市进行调查，该调查未得以充分的落实。

(2) 所开出的银票远远超过企业生产交易的频繁度，超过了其实际生产和销售规模。

(3) 对关联企业 A 公司对 B 公司的影响和作用未进行调查和深入分析。

(4) 对银票的用途，以及是否具有真实的贸易背景未进行调查和监控。

(5) 授信额度的测算以及建议值的不合理和不审慎。从直观看，6 000 万元的注册资本难以承担 7.4 亿元的银票付款。

本章思考题

1. 简述银行承兑汇票受理条件。
2. 简述银行承兑汇票业务风险防范准则与要求。
3. 简述银行承兑汇票业务风险防控的重点。
4. 简述银行承兑汇票业务未用退回会计处理流程。

本章小结

- 一、开立银行承兑汇票条件及流程
- 二、会计核算手续
  - （一）承兑会计处理流程
  - （二）承兑会计分录
  - （三）其他处理会计核算手续
- 三、银行承兑汇票业务风险防范
  - （一）准则与要求
  - （二）贸易背景真实性审查
  - （三）承兑申请人的主体资格与资信情况的审查
  - （四）保证金缴存及账户管理
  - （五）银票开立后的管理要求

第三章

票据贴现业务

第一节　贴现业务主要授信品种与流程

一、贴现业务主要授信品种

（一）银行承兑汇票贴现

1. 定义

银行承兑汇票贴现是指银行承兑汇票的合法持有人在汇票到期日前，为了取得资金而将票据转让给银行的票据行为。

2. 授信对象

银行承兑汇票的合法持有人。

3. 期限、利率

贴现期限从贴现之日起至汇票到期日止（到期日遇节假日顺延，但应加计计息天数）。

贴现利率依照中国人民银行颁布的有关利率执行，但不低于中国人民银行再贴现利率。

4. 受理条件

(1) 须是在当地登记注册的法人或其他经济组织，不能是个人和单位内设部门；

(2) 持有中国人民银行核发的有效贷款卡；

(3) 在银行开立结算存款账户；

(4) 与受票人之间具有真实合法的商品交易或劳务关系；

(5) 提供与受票人之间交易的合同原件及复印件。

(二) 商业承兑汇票贴现

1. 定义

商业承兑汇票贴现是指商业承兑汇票的合法持有人在汇票到期日前,为了取得资金而将票据转让给银行的票据行为。

2. 授信对象

商业承兑汇票的合法持有人。

3. 期限、利率

贴现期限从贴现之日起至汇票到期日止(到期日遇节假日顺延,但应加计计息天数)。

贴现利率依照中国人民银行颁布的有关利率执行。

4. 受理条件

贴现申请人除须满足票据贴现申请人的各项条件外,一般还需为与银行业务往来密切且信用等级较高的基本客户、重点客户。

(三) 买方付息(或协议付息)票据贴现

1. 定义

是指在以商业汇票为结算方式的商品购销活动中,卖方企业在销售商品后,持买方企业交付的商业汇票(银行承兑汇票或商业承兑汇票)到银行申请办理贴现,银行在买方企业同意支付全部或部分贴现利息的前提下,从买方企业在银行开立的存款账户扣收全部或部分贴现利息支付给卖方企业后,按票据贴现办法办理的贴现。

2. 授信对象

在以商业汇票为结算方式的商品购销活动中,持有买方企业交付的商业汇票(银行承兑汇票或商业承兑汇票)的卖方企业。

3. 期限、利率

贴现期限从贴现之日起至汇票到期日止(到期日遇节假日顺延,但应加计计息天数)。

贴现利息由买方企业全部或部分支付。贴现利率依照中国人民银行颁布的有关利率执行。

4. 受理条件

(1) 卖方企业申请办理买方或协议付息票据贴现,需符合银行对普通票据贴现的各项规定条件；

(2) 买方企业的客户风险评级必须满足银行信用评级的要求；且已向银行出具《付息承诺书》或《买方付息票据贴现业务授权书》的客户；

(3) 买卖企业双方均应在办理贴现的分行或其分支机构开立存款账户。

(四) 商业汇票无追索贴现

1. 定义

商业汇票无追索贴现是指贴现申请人在正常的生产、经营中因资金周转之需向银行转让未到期的商业汇票，银行在扣除贴现利息后向贴现申请人支付贴现款项，同时取得除向贴现申请人进行追索以外的所有票据权利。无追索贴现适用的票据种类包括银行承兑汇票和商业承兑汇票。

2. 授信对象

商业汇票的合法持有人。

3. 期限、利率

贴现期限从贴现之日起至汇票到期日止(到期日遇节假日顺延，但应加计计息天数)。

贴现利率依照中国人民银行颁布的有关利率执行，且利率原则上应高于一般贴现利率。

4. 受理条件

除满足银行承兑汇票贴现或商业承兑汇票贴现的条件外，还须符合下列条件：

(1) 持有工商行政管理部门核发的营业执照的企业或其他经济组织；

(2) 客户信用评级满足银行要求；

(3) 优质客户及银行的重点营销客户；

(4) 票据结算量大、票据贴现需求较多、贸易交易对手比较固定且资信优良的优势行业客户；

(5) 贴现银行要求的其他条件。

二、贴现业务操作流程(参见图3-1“商业票据贴现业务流程图”)

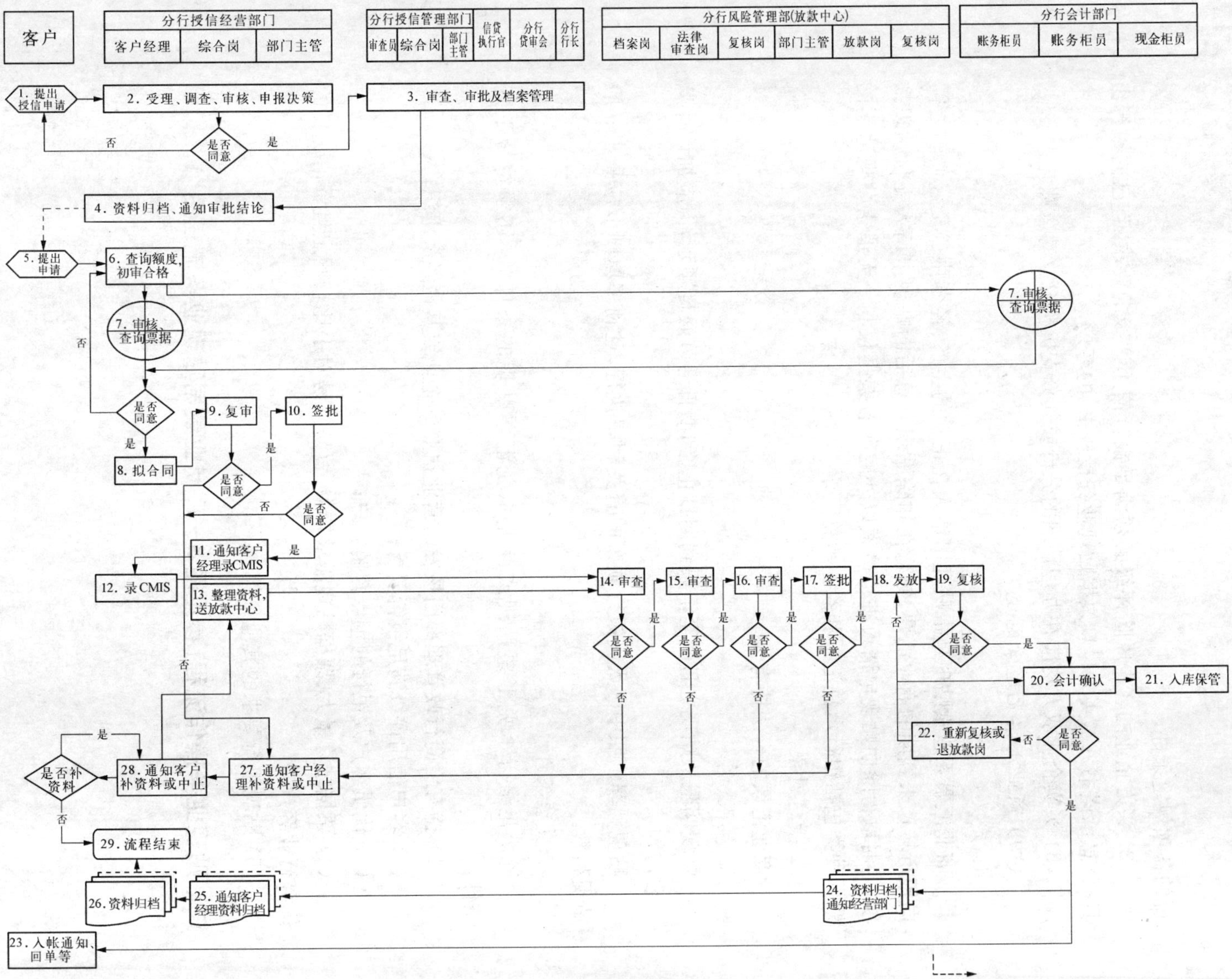

图 3-1　商业票据贴现业务流程图

第二节　票据贴现与贷款比较

一、贴现与贷款的相同点

（一）贴现与贷款同属信贷范畴

按现有规定，贴现与贷款一样，同属信贷范畴，均受到银行监管部门监管并受《贷款通则》规范，如，企业在办理贷款或贴现前都需具备人民银行核准颁发的贷款卡，发放资金前都要履行必要的审查等。

（二）贴现与贷款适用的基本原则相同

贴现和贷款所适用的基本原则是相同的，即应遵循合法、合规性原则，效益性、安全性和流动性原则，平等、自愿、公平和诚实信用原则。

二、贴现与贷款的区别

（一）资金融通的期限不同

一般贷款的期限短则数月，长则可达五年以上，而贴现的期限最长不超过 6 个月；贷款到期可以展期，贴现不得展期，如到期不获付款时，可向汇票上的所有票据行为人追索。

（二）利息的收取方式不同

一般贷款的利息都在贷款到期或按约定时期定期收取，通常称之为先贷款后收息；贴现是银行票据的买入，银行是先行扣收利息，且通常银行承兑汇票贴现利率远远低于贷款利率。

（三）当事人不同

一般贷款的当事人为银行、借款人和担保人；贴现的当事人则为银行、贴现申请人和票据上记载签章的每一位当事人。

（四）流动性不同

贷款发放后，一般情况下不会发生贷款权利的转移行为；而银行经贴现取得票据权利后，可根据自身的经营状况，将票据权利通过转贴现或再贴现的方式予以转让。因此，票据贴现具有较强的流动性。

（五）授信主体不同

贷款授信主体是贷款申请人，担保人为辅；而票据贴现后，第一付款人为承兑人，因此贴现授信主体应以承兑人为主，贴现申请人或其他票据债务人为辅。

（六）收贷对象不同

贷款到期，收贷对象以贷款申请人为主，担保人为辅；而贴现票据到期，收贷对象以承兑人为主，其他票据债务人为辅。

（七）会计处置与报表处理不同

企业办理贴现后，表现为应收票据减少，货币资金增加。卖出票据后，在企业资产负债表中不作反映，仅在表外附注栏的"或有事项"中进行说明，即"已贴现商业汇票形成的或有负债金额"，表现为企业的或有负债。而企业在办理贷款后，表现为短期或长期借款增加，货币资金增加，在会计报表上即表内有明确反映。

第三节 会计核算手续

一、贴现会计处理流程

会计人员收到业务部门提交的贴现资料，主要审核以下内容：

(1) 认真审核贴现凭证、银行承兑汇票、查询查复书及贴现合同是否齐全、完整，各资料内容填写是否完全相符。

(2) 认真辨认贴现票据的真伪，辨认汇票彩色印花、水印、荧光变形曲线、行徽等标识是否真实有效。

(3) 审核查询查复书内容，确认汇票票面要素是否与查询内容相符，他行是否已向承兑行或承兑人办理过查询，有无挂失止付、公示催告或被有关司法机关冻结等情况。

(4) 启用验印系统或抽卡折角核对客户贴现凭证客户签章与银行预留印鉴是否相符。

(5) 手工复算贴现息是否正确。

确认票据真实，票面要素齐全，背书连续，签章规范，会计人员按规定办理贴现操作手续，同时系统自动产生相应的贴现电子卡片，记收期收票据，并向客户收取贴现利息。会计人员在贴现凭证有关栏位上填写贴现利息和实付贴现金额，将贴现凭证留存联按到期日排序专夹保管，将贴现票据作转让背书，将查询查复书复印后双人封包入库按到期日排序保管，待到期前办理托收。

商业银行在办理贴现后，应在2个工作日内通过中国人民银行大额支付系统或其他有效沟通方式或电子系统，将“该票据已由本行贴现”的信息告知承兑行。如本行承兑的票据出现冻结、止付或其他风险事项，承兑行应在知悉相关风险信息的2个工作日内告知贴现行。

二、贴现利息计算公式

在票据贴现业务中，贴现申请人贴付给银行的利息称为贴现利息。银行贴现利息主要受贴现率及汇票到期时间影响。票据贴现利息应根据贴现金额、贴现天数和贴现率计算求得。

公式：贴现利息＝票面金额×贴现月利率‰÷30天×贴现天数

日贴现率＝月贴现率÷30天

贴现申请人实得贴现金额等于贴现金额扣除实付贴现利息。

公式：实付贴现金额＝贴现金额－实付贴现利息

知识点：

票面金额：票据金额即持票人所持银行承兑汇票上记载的“出票金额”。

贴现日：贴现日即持票人向金融机构申请银行承兑汇票贴现当日，实付贴现计息日为金融机构放款日。

贴现期限从其贴现之日起至汇票到期日止，到期日遇节假日顺延。实付贴现金额按票面金额扣除贴现日至汇票到期前1日的利息计算(算头不算尾)。

根据中国人民银行《支付结算办法规定》:“承兑人在异地的，贴现、转贴现和再贴现的期限以及贴现利息和计算应另加3天的划款日期。”

举例：

A公司持一张票面金额为1 000万元的银行承兑汇票于2013年10月15日向其开户行交行上海XX支行申请贴现，贴现利率为4.8‰，该银行承兑汇票票面要素为2013年6月20日由B公司签发，银行承兑汇票于2013年12月20日到期，承兑行为招行南京XX支行。

根据贴现利息公式计算

贴现天数＝69天(异地票据加3天)

贴现利息＝票面金额×贴现月利率‰÷30天×贴现天数

$= 10\,000\,000 \times 4.8‰ \div 30 \times 69 = 110\,400.00$ 元

实付贴现金额 $= 10\,000\,000 - 110\,400 = 9\,889\,600.00$ 元

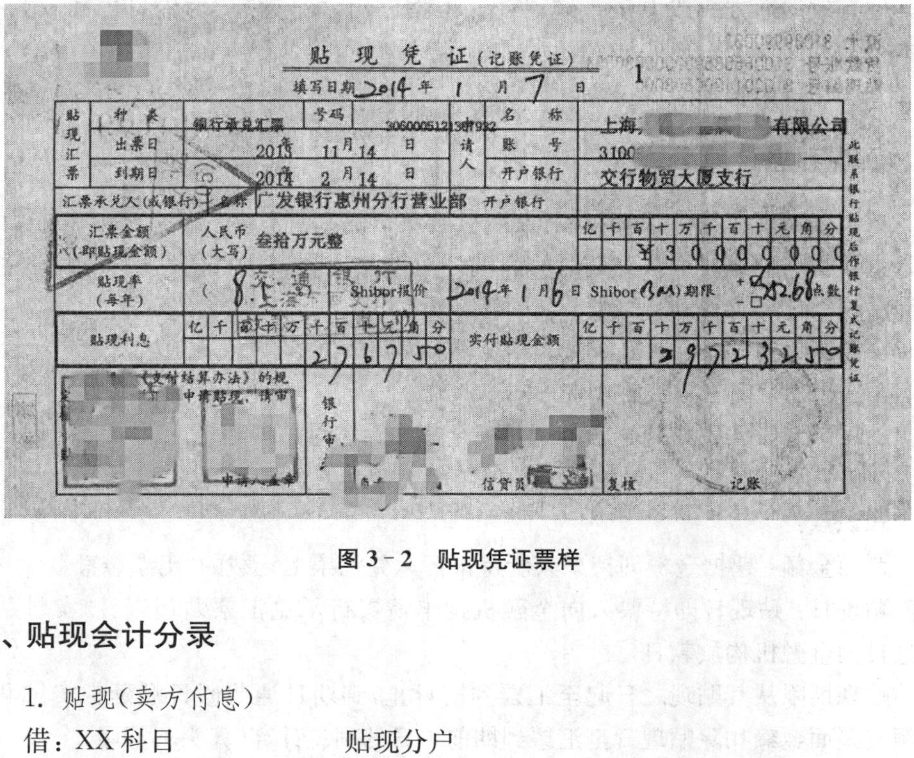
贴现凭证(记账凭证) 1

填写日期 2014 年 1 月 7 日

贴现汇票 种类	银行承兑汇票 号码 3060005121387932	申请人 名称	上海[illegible]有限公司
出票日	2013 年 11 月 14 日	账号	3100[illegible]
到期日	2014 年 2 月 14 日	开户银行	交行物贸大厦支行
汇票承兑人(或银行)	名称 广发银行惠州分行营业部	开户银行	
汇票金额(即贴现金额)	人民币(大写) 叁拾万元整	亿千百十万千百十元角分	¥30000000
贴现率(每年)	(8.) Shibor报价	2014 年 1 月 6 日 Shibor(3M)期限	+252.68 点数
贴现利息	276750	实付贴现金额	29723250

《支付结算办法》的规……申请贴现，请审……

申请人盖章

银行审批

负责人 信贷员 复核 记账

此联系银行贴现后作银行付复式记账凭证

图3-2 贴现凭证票样

三、贴现会计分录

1. 贴现(卖方付息)

借：XX科目　　　　　贴现分户

　贷：XX科目　　　　　客户账

　贷：XX科目　　　　　贴现利息收入

收：XX科目　　　　　期收票据

2. 贴现(买方付息)

借：XX科目　　　　　贴现分户

　贷：XX科目　　　　　客户账(贴现客户)

借：XX 科目　　　　　　客户账（买方付息客户）
　贷：XX 科目　　　　　　　贴现利息收入
收：XX 科目　　　　　　期收票据

3. 贴现（协议利息）

借：XX 科目　　　　　　贴现分户
　贷：XX 科目　　　　　　　客户账（贴现客户）
借：XX 科目　　　　　　客户账（协议付息客户）
　贷：XX 科目　　　　　　　贴现利息收入
收：XX 科目　　　　　　期收票据

并指定专人将贴现分户的余额与保存的贴现凭证留存联进行核对，以保证金额相符。

四、贴现后票据到期委托收款

委托收款是收款人委托银行向付款人收取款项的结算方式。委托收款在同城、异地均可以使用。

汇票到期日前 5～7 天（根据实际业务情况而定提前时间）发出，由会计人员在汇票背书人签章处加盖结算专用章和经办人名章，注明“委托收款”字样，委托收款银行全称，并将已做成委托背书的汇票复印，按发出托收日排列专人专夹保管。

由会计人员编制一式五联的委托收款凭证，委托收款凭证必须记载事项包括：表明“委托收款”的字样、确定的金额、付款人名称、收款人名称、委托收款凭据名称及附寄单证张数、委托日期及收款人签章。

会计人员按规定在系统中办理委托收款操作，同时系统自动产生托收电子卡片，记付期收票据，收发出委托收款，将委托收款凭证第一联作柜员记账依据，委托收款凭证第二联、贴现凭证留存联及票据复印件按发出托收日排列专人专夹保管，在委托收款凭证第三联上加盖结算专用章。

异地票据托收：将委托收款凭证第三、四、五联及票据实物通过 EMS 快递提交至承兑行。需与邮局作好交接工作，派专人与邮局收件人办理书面交接手续，明确责任，交接清单专人专夹保管，以备查。

同城票据托收：可通过同城交换提出托收，填制进账单，可与票据到期日当天托收。

贴现银行在收到款项划回时，按照委托收款的款项划回有关手续处理，会计分录为：

借：XX 科目　　　　　　　联行来账

（或）XX 科目　　　　　　辖内往来

贷：XX 科目　　　　　　　　贴现分户

付：发出委托收款

第四节　贴现票据风险防范

一、审查汇票出票人（付款人）和持票人的主体资格与资信情况

贴现申请人必须符合银行承兑汇票贴现的受理条件。原则上不办理异地客户贴现业务，如需办理的，必须符合当地监管部门的要求，并严格掌握。

(1) 严格审查贴现申请人的资格，并核实贴现申请人与汇票上记载的持票人是否为同一人。对一些自动上门的持票人，且汇票没有经过一次背书的贴现业务应重点关注。

(2) 注意交易合同和增值税发票上记载的交易对手与申请贴现的汇票上记载的持票人的直接前手是否为同一人，如不是同一人，则不能接受其贴现申请。

(3) 对持票前来银行申请贴现的经办人员，应要求出示身份证件和所在单位的授权委托书，身份证应复印留档，必要时还应向所在单位查实其授权的真实性。

(4) 审核汇票背书是否连续，是否符合《票据法》的规定，且背书章和银行预留印鉴是否一致。

(5) 如中途因各种原因银行将汇票退还持票人，持票人再将汇票移交银行时，应重新对该票据的真实性进行审查，以防调包。

二、审查承兑银行的资信情况

原则上银行可接受的承兑银行范围为：

(1) 工、农、中、建四大商业银行地、市级及以上的分支机构；

(2) 经授权批准可以办理商业汇票承兑业务的系统内分支行；

(3) 全国性其他股份制商业银行地、市级以上(不含县级市)分行；

(4) 行所在地的同城地方性商业银行分行。

三、审查票据的贸易背景

(1) 审查贴现申请人经过年审的营业执照，确定本次商业汇票项下的基础交易是否超出营业执照核准的经营范围。

(2) 审查贴现申请人提供的交易合同、增值税发票、货运单据(如有应提交)原件，并从交易合同、增值税发票和商业汇票三者的日期、金额，以及其他主要记载要素之间的逻辑对应关系来判断贸易背景的真实性。

(3) 对申请贴现次数频繁，金额较大，或短期内集中贴现的，或贴现日期非常接近的，应验证其商业汇票项下的交易量是否与其同期实际生产经营规模相匹配，并且应将交易合同和增值税发票原件与该企业以前办理贴现时的留档复印件进行核对，防止其用一笔交易，重复申请贴现。

(4) 对大额关联交易，回头背书交易(回头背书是指商业汇票经背书转让后，原汇票出票人即债务人，又成为该汇票的权利人)以及具有融资嫌疑的贴现业务，应跟踪了解商业汇票项下是否发生了实际的货物转移(即了解货物的出、入库情况，并查看有关货运单据)，且货物的流向与资金和汇票的流向一致。以此验证其贸易背景的真实性、合法性。

四、审查票据的真实性和有效性

(1) 票面审查必须经过客户经理初审和票据审查人员复审，如有不同意见，应请当地人民银行帮助鉴别。

(2) 向出票人或承兑人书面查核票据的真伪。贴现票据如系银行系统内的银行承兑汇票可直接通过银行电子汇兑系统向承兑行验证；如系跨系统他行承兑的银行承兑汇票，应按人民银行的有关规定办理查询。必要时还应实地与承兑行留存底联进行核对，以防被骗。

(3) 对经审验的商业承兑汇票和经查询回复的银行承兑汇票，在正式办理贴现前，客户经理还应与贴现汇票出票方的财务会计部门直接取得联系，对汇票上的主要记载事项，如出票时间、汇票号码、汇票金额、到期日、收付款单位、交易合同号码以及印鉴样式等再次进行核实确认，必要时应采取双人实地复查，以验证出票行为的真伪。

(4) 汇票的格式、联次、颜色、规格及防伪技术要求和印制，均由中国人民银行统一规定，比较特殊的是对少数民族地区和外国驻华使领馆专用的汇票格式中会增加少数民族文字和外国文字。

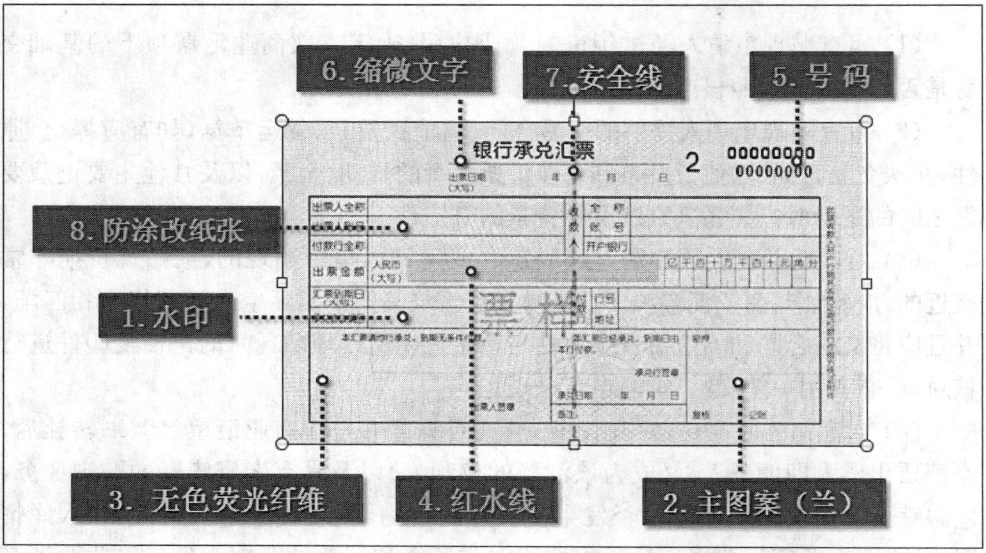

图 3-3　银行承兑汇票彩色防伪标识的样式

(5) 汇票必须记载的事项包括：表明“汇票”的字样、无条件支付的委托、确定的金额、付款人名称、收款人名称、出票日期、出票人签章。以上七项必须在汇票正面记载的事项缺任何一项，汇票无效。

(6) 正面签章要求：所有签章应清晰、完整、无重叠(仅是边缘交错可以接受)，禁止使用万次印章。出票人、承兑人、保证人(这里是指为出票人、付款人、承兑人提供保证的保证人)在汇票正面正确的签章应是：

① 出票人：在固定的出票人签章位置加盖财务专用章或公章和法定代表人或其授权的代理人的签名或盖章。

② 承兑人：在固定的承兑人签章位置加盖财务专用章或公章(由银行承兑的商业汇票应加盖承兑银行的汇票专用章)和法定代表人或其授权的代理人的签名或盖章，同时承兑不得附有条件，也不得部分承兑。

③ 保证人：为出票人、付款人、承兑人保证的，在汇票反面(通常在汇票下

端）记载保证事项，并加盖财务专用章或公章和法定代表人或其授权的代理人的签名或盖章，同时记载保证人的地址以及保证日期。（参见图3－4）

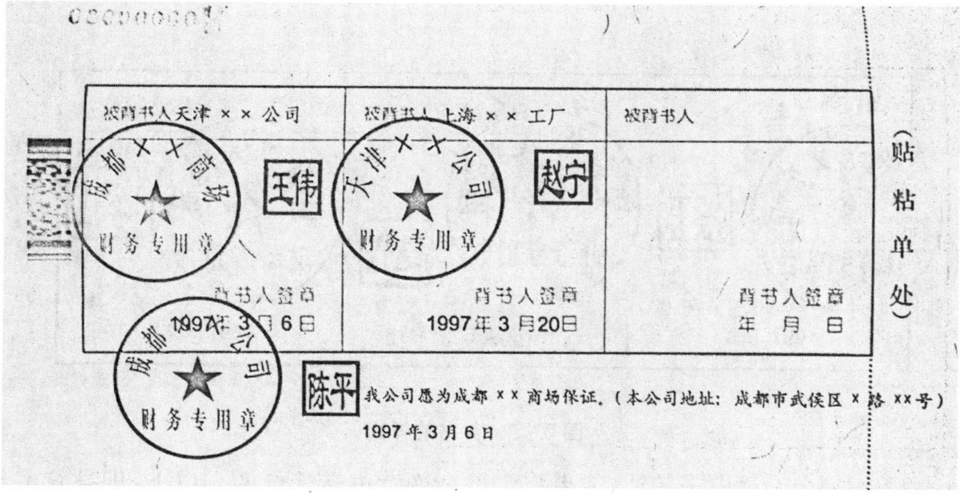

图3－4　保证的样式

④ 对在本行开户的出票人、承兑人、保证人，应将其汇票上的签章和银行预留印鉴进行核对。

⑤ 收款人及付款人：不得更改。

⑥ 金额和日期：汇票的金额以及出票日期和到期日均不得更改，书写方法应符合《支付结算办法》附件一的规定。

⑦ 其他：变更收/付款人、出票日期、汇票到期日和金额以外的其他记载事项时，须有原记载人签章证明。

（7）背书必须无条件。背书附有条件的，所附条件不具有票据上的效力。

（8）背书必须在票据背面或粘单上作成，且背书签章使用规范。背书人应在票据背面或者粘单上固定位置加盖财务专用章或公章（背书人为银行时应加盖汇票专用章）和法定代表人或其授权的代理人的签名或盖章；必须使用统一格式的粘单，粘单上的第一记载人（背书人）应当在汇票和粘单的粘接处签章。

（9）背书应当连续。票据转让中，转让汇票的背书人与受让汇票的被背书人在汇票上的签章依次前后衔接。（参见图 3－5）即汇票第一次背书转让的背书人为汇票上记载的收款人，前次背书转让的被背书人是后一次背书转让的背书人，最后一次背书转让的被背书人是汇票的最后持票人。更改被背书人记载，应由原背书人签章证明。

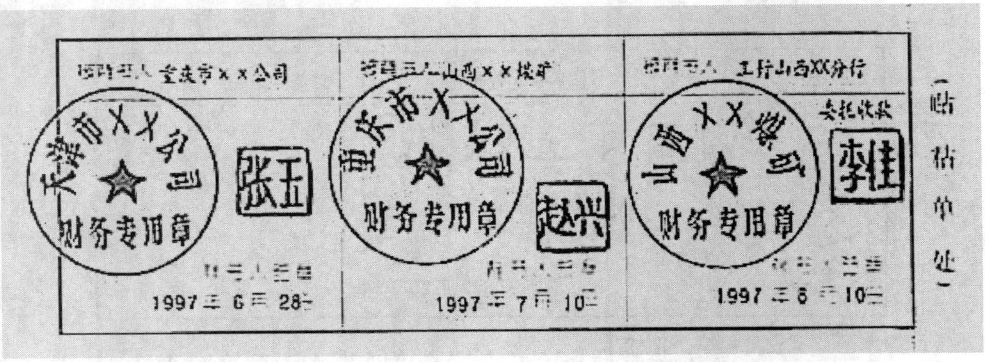

图 3－5　背书的样式

（10）部分金额背书转让，或者将汇票金额背书转让给两人以上（即被背书人在两人以上），背书均无效。

（11）背书记载事项中没有“不得转让”、“委托收款”、“质押”等不宜贴现的事项。

五、审查交易合同

（1）合同上的购销双方应与增值税发票上的购销双方及商业汇票的最后持票人相符。

（2）合同主要条款完备、要素齐全、填写完整准确。交易内容的数量、单价、金额之间符合逻辑。

（3）合同的签订日期应不迟于商业汇票的出票日。

（4）合同金额应不小于商业汇票的金额。

（5）原则上合同应加盖购销双方的合同专用章和法定的代表人或其授权的代理人的签章。

（6）原则上合同付款方式条款中应明确使用商业汇票结算。

六、审查增值税发票

1. 增值税发票样式

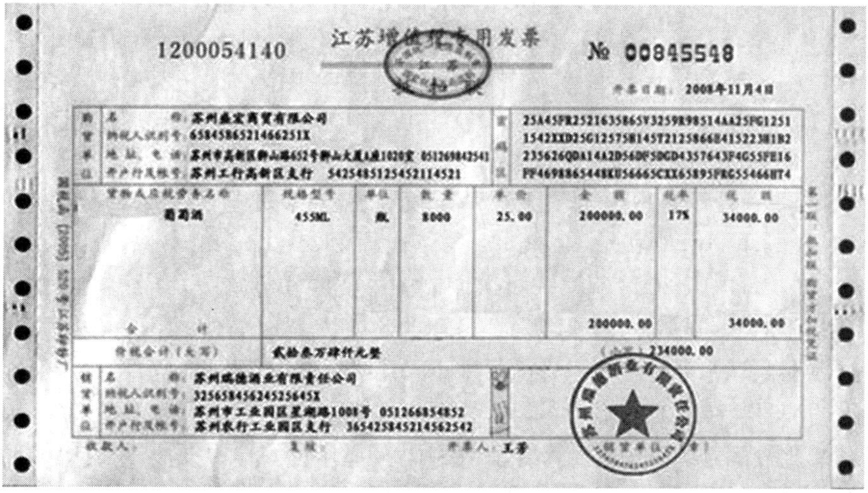
1200054140　江苏增值税专用发票　№ 00845548
开票日期：2008年11月4日
购货单位　名称：苏州鑫宝商贸有限公司
纳税人识别号：6584586521466251X
地址、电话：苏州市高新区狮山路652号狮山大厦A座1020室 051269842541
开户行及账号：苏州工行高新区支行 5425485125452114521
密码区：25A45FR2521635865V3259R98514AA25FG1251 1542XXD25G12575B145T2125866B415223H1B2 235626QDA14A2D56DF5DGD4357643F4G55FE16 FF4698865448KU56665CXX65895FRG55466HT4

货物或应税劳务名称	规格型号	单位	数量	单价	金额	税率	税额
葡萄酒	455ML	瓶	8000	25.00	200000.00	17%	34000.00
合计					200000.00		34000.00

价税合计（大写）：贰拾叁万肆仟元整　（小写）234000.00
销货单位　名称：苏州瑞德酒业有限责任公司
纳税人识别号：32565845624525645X
地址、电话：苏州市工业园区星湖路1008号 051266854852
开户行及账号：苏州农行工业园区支行 365425845214562542
收款人：　复核：　开票人：王蓉　销货单位：（章）

图 3-6　增值税专用发票样式

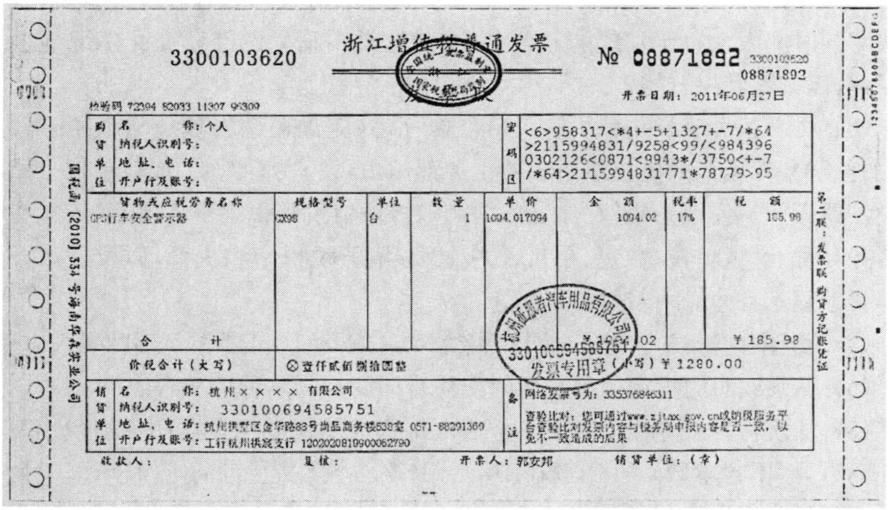
3300103620　浙江增值税普通发票　№ 08871892　3300103620 08871892
开票日期：2011年06月27日
校验码 72394 82033 11307 96309
购货单位　名称：个人
纳税人识别号：
地址、电话：
开户行及账号：
密码区：<6>958317<*4+-5+1327+-7/*64 >2115994831/9258<99/<984396 0302126<0871<9943*/3750<+-7 /*64>2115994831771*78779>95

货物或应税劳务名称	规格型号	单位	数量	单价	金额	税率	税额
GPS行车安全警示器	GX98	台	1	1094.017094	1094.02	17%	185.98
合计					¥1094.02		¥185.98

价税合计（大写）：⊗壹仟贰佰捌拾圆整　（小写）¥1280.00
销货单位　名称：杭州××××有限公司
纳税人识别号：330100694585751
地址、电话：杭州拱墅区金华路88号尚品商务楼538室 0571-88291380
开户行及账号：工行杭州拱宸支行 1202020819900062790
备注：网络发票号为：335376846311
查验比对：您可通过www.zjtax.gov.cn或纳税服务平台查验比对发票内容与税务局申报内容是否一致，以免不一致造成的后果
收款人：　复核：　开票人：郭安邦　销货单位：（章）

图 3-7　增值税普通发票样式

2. 审查要求

(1) 审查发票原件，贴现申请人应提供增值税专用发票第一联(存根联)。

(2) 增值税专用发票抬头不带“省、市、自治区”字样，正确的应为“××增值税专用发票”，如“北京增值税专用发票”、“上海增值税专用发票”、“广东增值税专用发票”等。

(3) 增值税专用发票上印有两个号码，其中左上端为印刷的10位数发票代码，这10位数的前4位代表“地区代码”，第5和第6位代表发票印制年份的后两位数，第7位代表当年印制的批次，第8位代表发票使用的文字，第9位代表发票的联次，最后一位用于区分电脑版和手写版发票，如果是电脑版发票，第10位数字就是0，反之，手写版的就是1。例如：发票代码为3100031140的增值税专用发票，表示这是“上海地区2003年第一批次印制的中文四联电脑版发票”；发票的右上端为铅字打印的8位数流水号，即发票号码。审查发票时应注意：10位数发票代码和8位数发票流水号应与该张发票密码区右端显示的代码和流水号一致。根据发票代码的编号特点，其10位数字中，可能发生变化的是第6和第7位数字，其他数字相对都比较固定，审查时尤其要留意密码区显示的发票代码第6或第7位数与发票左上端的印制代码是否一致，以防申请人变造发票。

(4) 不同发票号码的发票密码区应不同。

(5) 对短期内集中申请贴现，且金额较大的申请人，如果其使用的增值税专用发票印制时间大大早于发票的开票日期，对这类申请人的经营变化情况应着重进行了解，以排除其融资嫌疑。

(6) 发票上购销双方必须使用单位全称，并应加盖销售单位增值税发票专用章，加盖财务专用章的应提供由相关税务部门出具的书面说明，加盖单位公章的增值税发票无效。发票购销双方地址、购销双方增值税纳税人税务登记号、销售货物和劳务名称、计量单位、数量、单价及总金额，增值税税率和税额，以及发票开票日期等要素显示齐全，不得遗漏和涂改。

(7) 发票购销双方与交易合同的购销双方，以及商业汇票的最后持票人应一致。

(8) 发票载明的货物名称与所附交易合同的货物名称应一致。

(9) 发票总金额应不小于汇票金额。每张增值税专用发票的最高税额不得超过100万元(不含本数)，且税额在10万元(含本数)以上的企业，其增值税发票的申领必须经省级税务局长批准，因此，对频繁开出税额超过10万元增值税发票的申请人，应要求其提供由相关税务部门出具的批准其使用大额增值税专用发票的书面证明。此外,应注意发票金额小写前要¥封顶,大写前要¤封顶。

(10) 原则上发票的开票日期应在交易合同签订日期之后,并且与商业汇票的出票日期不得相距太远。

(11) 增值税发票专用章上的纳税人税务登记号应与发票上销货单位纳税人识别号(即纳税人税务登记号,应由15位数字组成)一致。

(12) 由于对一家增值税纳税企业而言,不存在免征增值税的事项,只有先征后退,或享受零税率的情况,因此,只要是属于增值税纳税范围内的交易,都应该提供相应的增值税专用发票。对特殊性商品交易确实无法提供增值税发票的,须提交足以证明其真实贸易背景的书面证明材料,且范围仅限于《中华人民共和国增值税暂行条例》所列不得开具增值税发票的商品和劳务。同时,应提供普通商业发票,经我行审核后复印留存。

七、银行承兑汇票查询

银行承兑汇票查询是为了保证票据真实性、防止"克隆"票据、辅助鉴别票据真伪的一种手段。票据贴现前,应向银票承兑行、商票承兑人或其开户行办理票据查询,查询内容包括但不限于:(1) 汇票票面要素是否与底卡联要素相符;(2) 他行是否已向承兑行或承兑人办理过查询;(3) 有无挂失止付、公示催告或被有关司法机关冻结等。

票据查询主要包括实地查询、电子渠道查询、传真查询等,其中实地查询和电子查询为主要查询方式,在票据贴现业务查询过程中,必须且至少采用一种主要方式查询。此外,可视实际需要,决定是否还需选择多种查询并行的方式。严禁无票查询。

1. 实地查询

对金额较大、同城签发或会计人员经过票面审核认为有疑点的商业汇票,均要派双人持票至承兑行进行实地查询。实地查询方式,必须派双人完成实地查询工作,并对查复结果的真实性负责。凡需实地查询的,必须由业务部门指派双人持票到承兑行,并提供本人身份证、盖有单位公章的单位介绍信,以及盖有结算专用章的查询查复书。核实后由承兑行在查询查复书上加盖结算专用章及经办人名章。实地查询过程中,汇票不得离开银行员工手中,在承兑行营业柜台或承兑单位应由员工直接交给营业人员,不得交给营业人员以外的第三人,查询过程中,银行人员不得离开柜台,应目视签发行或承兑单位营业人员查复过程完成。

2. 电子渠道查询

除采用实地查询方式以外的银行承兑汇票，可由会计部门通过大额支付系统等渠道进行电子查询，会计部门对查询进行跟踪处理，并对查复结果的真实性负责。电子渠道查询包括通过资金汇划系统查询和现代化支付系统查询两种方式。对于系统内承兑的银行承兑汇票可由会计结算部指定人员通过核心账务系统中的资金汇划子系统进行查询，对系统外承兑的银行承兑汇票可由会计部门指定人员通过支付系统进行查询。

3. 传真查询

承兑行接到查询行传真的查询书后，双方电话核对银行承兑汇票内容后，承兑行应将银行承兑汇票的第一联（卡片）传真给查询行，查询行将银行承兑汇票第二联传真给承兑行，双方分别核对笔迹及相关要素。承兑行（查复行）填写查询书传真给查询行。同时双方做好相关的电话记录（应将对方电话接听人姓名、工作部门或岗位、时间等做好记录），以备查核。该方式不得单独使用，必须与其他主要查询方式结合使用。该方式与电子查询方式结合使用时，可有效防范电子查询所无法覆盖的风险。

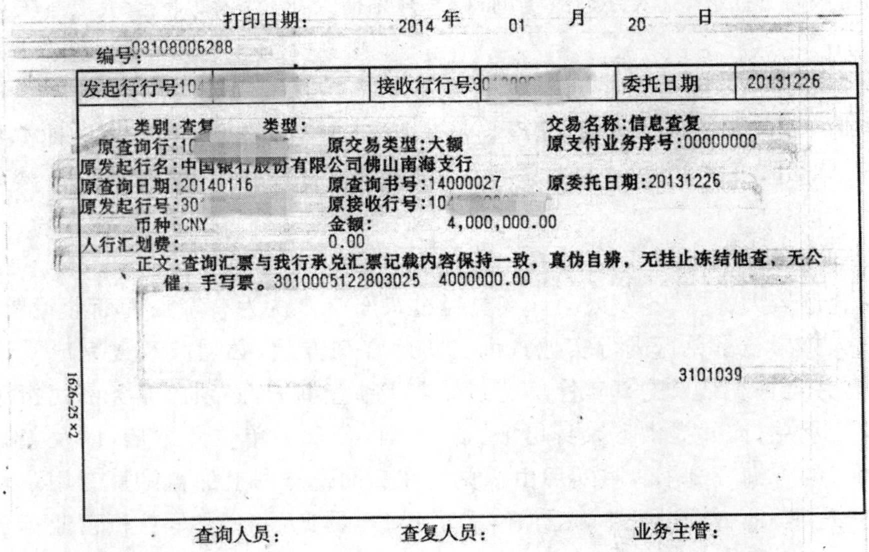
打印日期：2014 年 01 月 20 日

编号：03108006288

发起行行号10	接收行行号3	委托日期	20131226

类别：查复　类型：　交易名称：信息查复
原查询行：10　原交易类型：大额　原支付业务序号：00000000
原发起行名：中国银行股份有限公司佛山南海支行
原查询日期：20140116　原查询书号：14000027　原委托日期：20131226
原发起行号：30　原接收行号：10
币种：CNY　金额：4,000,000.00
人行汇划费：0.00
正文：查询汇票与我行承兑汇票记载内容保持一致，真伪自辨，无挂止冻结他查，无公催，手写票。3010005122803025　4000000.00

3101039

1626-25×2

查询人员：　查复人员：　业务主管：

图 3-8　支付业务查询查复书

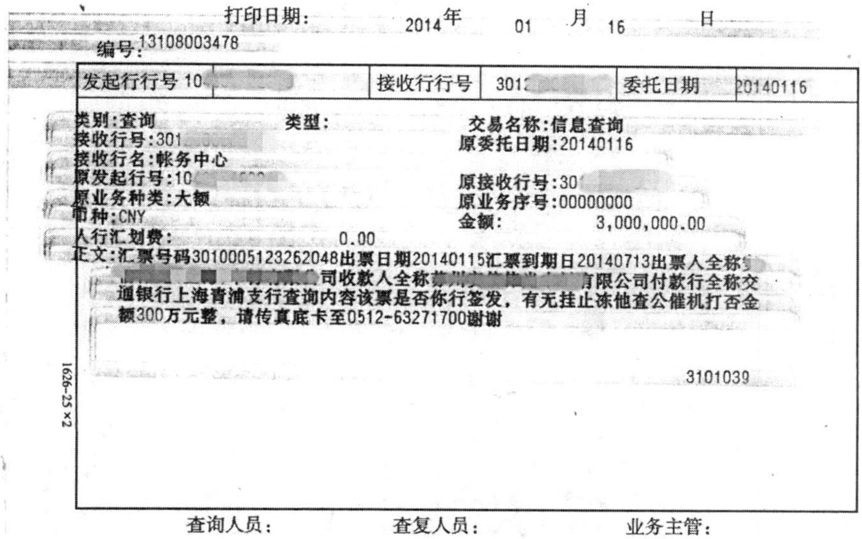

打印日期：　2014年　01　月　16　日

编号：13108003478

发起行行号 10[illegible]	接收行行号	301[illegible]	委托日期	20140116

类别：查询　类型：　交易名称：信息查询

接收行号：301[illegible]　原委托日期：20140116

接收行名：帐务中心

原发起行号：10[illegible]　原接收行号：30[illegible]

原业务种类：大额　原业务序号：00000000

币种：CNY　金额：　3,000,000.00

人行汇划费：　0.00

正文：汇票号码3010005123262048出票日期20140115汇票到期日20140713出票人全称[illegible]司收款人全称[illegible]有限公司付款行全称交通银行上海青浦支行查询内容该票是否你行签发，有无挂止冻他查公催机打否金额300万元整，请传真底卡至0512-63271700谢谢

3101039

1626-25×2

查询人员：　查复人员：　业务主管：

图3-9　支付业务查询查复书

八、票据贴现后管理

(1) 强化信贷资金贷后管理，实行还款来源监测。在贷后检查中，通过收集与信贷资金使用相关的资料和凭证、约见企业进行实地查访、第三方调查等方式，跟踪信贷资金流向，监测借款人信贷资金的使用是否符合规定。授信经营单位应对借款人的专门资金回笼账户资金往来情况进行监测，合理分析借款人的真实还款来源，确保回笼资金优先用于偿还银行贷款。若发现借款人资金账户存在异常流向的，应及时采取措施，防范信贷资金挪用和还款资金落空的风险。

(2) 严格执行用途监控管理要求，把握信贷资金的真实流向，按时完成授信资金用途监控工作。

第五节 案　　例

案 例 一

案例背景

2004年5月,某实业有限公司(以下简称A公司)持一张票面金额为1 000万元的商业承兑汇票向Y银行申请贴现(此前已经分行审批获得授信额度),汇票上记载的承兑人为某储运公司(以下简称B公司),保证人为某实业(集团)有限公司(以下简称C公司)。A公司作为贴现申请人向支行提供了其与B公司签订的钢材购销合同和增值税发票复印件。

Y银行接受申请后按照双人核保的原则去B公司进行商票的上门查询及印鉴的核对工作,并于同日获得企业加盖公章的《银行承兑汇票查询书》(代)及加盖公章和法定代表人印章的《印章样本》。此后,Y银行经审核认为该商票及其依据的贸易背景真实、有效,并经保证人制作票据保证后给予贴现。

贴现后的某一天,B公司的上级主管单位派人到支行查询B公司开出的商票贴现情况,此事引起了Y银行的警觉,该行立即对该商票的真实性等相关情况进行调查,发现承兑人B公司在汇票上的公章与其盖在营业执照(复印件)上的公章不符,汇票上的财务专用章和法人代表私章也不是在其开户银行预留的印鉴章。结果,汇票到期后,Y支行托收商票遭开户行退票(以印鉴不符为由)。该笔贴现(已转呆滞贷款)余额992.2万元,欠息33.6万元。

案例分析

(1) 未认真核实借款(担保)人主体资格。

客户经理取得借款(担保)人或商业存兑汇票出票(承兑)人的营业执照(应要求企业加盖公章)后,应工商行政管理部门核实印章真伪,并以此为印鉴与以后取得的法律文本(如上述案情中的汇票查询书)上的印章核对,防止当事(经办)人私刻印章非法欺诈。本案中银行经办客户经理犯的一个低级错误,就是取得企业申请贴现的商业承兑汇票后,未与承兑人营业执照(复印件)上的公章核对,错失了及时发现、制止企业联手欺诈银行信贷资金的良机。

(2) 贴现商业承兑汇票没有到承兑人开户银行验票。

该案中商票上盖的出票人和承兑人印章不是其在开户银行预留的印鉴,贴现到期托收票据,必然遭到开户银行的拒付(印鉴不符)。因此,贴现行客户经理取得贴现申请人提供的商业承兑汇票后,应到承兑人开户银行核对印鉴,并取得开户银行的确认。

(3) 客户经理未经培训/考核和资格认定就进行相关业务操作。

该案中商票的核票虽然形式上是双人会同进行,但据了解,该票据核票当事人之一的客户经理原为个金业务人员,从未接触过对公业务,刚转到信贷岗位即办理对公授信业务。此次核票,是跟随主办客户经理上门核票,以满足双人会同核票(保)的规定(形式),但其并不知晓如何核票以及核票的要点(不知其然,更不知其所以然)。因此,必须重视对营销人员业务资格(签字权)的管理(包括培训、考核和资格的认定)。

(4) 授信后的监控管理薄弱。

该案中,商票承兑人B公司早在2004年6月就已经更名和更换印章,经办授信客户经理当时获悉后并未及时向企业索取新的营业执照和相关法律文本,也未审视对已贴现业务可能发生的影响和风险隐患。直到案件暴发前,客户经理一直未察觉风险隐患。因此,必须重视授信后监控查访的必要性和重要性。一是调查核实贴现资金的去向和真实用途;二是定期走访企业,了解和掌握企业经营、财务状况和资金的周转、调度情况,并做好查访记录;三是保持对风险的高度敏感性,一旦发现蛛丝马迹要立即深入调查,并按规定及时报告。

案　例　二

案例背景

2012年8月17日,客户“××钢铁贸易有限公司”持5张挂失止付通知书至某支行要求将其承兑的5张银行承兑汇票进行挂失。支行柜员在系统中通过挂失交易挂失，并登记了相关信息。

8月20日，某市人民法院对此5张银行承兑汇票下达了停止支付通知书，并进行公示催告。

10月17日，支行柜员收到转贴现银行乙银行寄来的托收票据(该票据号为已挂失票据)，支行根据法院下达的停止支付通知书进行了票据拒付。经查甲银行某支行曾于5月2日就该张票据进行过查询，5月3日办理了贴现，5月18日乙银行进行了转贴现。

10月20日公告催示期满，法院作出票据无效公告和民事判决书，判定票据请求支付权为出票人“××钢铁贸易有限公司”。

案例分析

银行承兑汇票金额大，流通时间长，且具有贴现、质押等信用功能，是银行业风险高发领域。分析近期案例，主要有以下新的风险特点：

(1) 不法分子利用银行承兑汇票进行欺诈，手段在不断翻新，从采取虚假贸易背景骗取银行资金到利用票据本身进行欺诈(伪造、变造银行承兑汇票诈骗资金)，再到上述在银行承兑汇票贴现后，对已贴现票据进行挂失的手法骗取银行或客户资金。

(2) 承兑行在受理了挂失业务后，未主动将挂失情况告知已有的查询行，且承兑和贴现银行往往不在同一地区，法院公告信息不容易获得，贴现银行失去了主张权利的时机，犯罪分子充分利用票据到期日的时间差进行欺诈。此类案件涉及票据张数较多、金额较大，严重影响银行声誉及资金安全。

(3) 系统联动控制不完善。根据系统设计，柜员在登记交易后，系统会将相关信息形成报文发送人民银行电子票据系统，但实际存在发送登记报文不成功的情况，造成未将有关情况及时通知查询行。

(4) 部分经办人员风险意识不足，对纸质银行承兑汇票的签发及相关挂失、贴现、止付等情况未及时在电子票据系统中进行登记，造成信息不能及时有效查询。

案例三：完全现金业务蕴含的风险不可忽视

——H物资有限公司银票贴现风险案例

1. 公司背景和A银行授信情况

H物资有限公司为S市物贸大厦铜市场内一家专门从事电解铜贸易的私营企业，其年销售收入达到5亿～6亿，但注册资金只有50万元，自身实力较弱。经过A银行营销，2012年1月份给予该公司3 000万元完全现金保证授信额度，仅办理银票贴现业务。

H公司自2012年1月19日首次贴现1 500万元以来，至7月末累计贴现2 510万元，其中公司于2月1日在A银行办理银票贴现710万元，这些银票是其前手R经贸发展有限公司向H物资有限公司购买电解铜时作为货款支付的。办理贴现业务时，贴现人提供了相应的购销业务发票8份，合计815.38万元，开票日期1月30日，并提供了相应的交易合同复印件和提单复印件。发票经联网核查，具有真实性，为1月19日从税务机关购得。同时A银行于2012年2月1日通过人民银行大额支付系统向相关出票行查询，于当天得到回复，均确认银行承兑汇票由相关银行签发，且无挂失止付冻结公示催告，票面机打。

2. 风险事件及后续授信管理

(1) 已贴现票据突遭挂失止付。

在上述2月1日贴现的票据中，有4张银票为转让票据，出票人为S铝业工程有限公司，收款人为Y锐达铝业有限公司，开票行为工商银行沈阳B支行。银票背书表明：Y锐达铝业有限公司将票据转让给了R经贸发展有限公司；R经贸发展有限公司将票据转让给了贴现人。银票出票日2011年12月27日，到期日2012年6月25日，每张面额50万元合计200万元。

2012年5月22日晚，贴现人H物资有限公司突然告知A银行，上述4张银票可能已经被挂失止付。为此A银行于5月23日一早即向开票行——工商银行沈阳B支行发出查询电，以进行确认。当天银票查复显示上述4张银票于2012年3月7日被辽宁省沈阳市Y区人民法院停止支付。随后支行即联系该区人民法院，询问关于银票挂失止付的事宜，但未果。

根据贴现人的反映以及A银行的查找，确认以上银票的挂失公示催告刊登于2012年3月16日的《辽宁法制报》上。申请挂失公示的单位为Y锐达铝业有限公司。按刊登日期推算，A银行得知银票被法院止付情况时，已超过60天的公示期限。

(2) 及时采取有力措施，最终实现成功兑付。

A银行立即采取了以下措施：

① 2012年5月24日通过EMS向沈阳市Y区人民法院院长室、立案庭，工商银行沈阳B支行发出异议函，以主张A银行的票据权利；

② 同时向贴现人H物资有限公司进行利害关系说明，明确向贴现人表示A银行的追索权利；

③ 在连续联系Y区人民法院未果的情况下，A银行在2012年5月24日联系工商银行B支行询问银票目前的状况，银行方面的答复上述4张票据目前仍处于止付状态；

④ 2012年5月28日A银行派员前往沈阳市Y区人民法院了解发出的异议函回复情况，法院表示已知，基本认定A银行对相关票据权利的主张，并要求A银行于6月12日携带相关银票正本到沈阳Y区法院参加该案的裁定；

⑤ 2012年6月12日A银行人员再次前往沈阳法院，经对银票的确认，法院同意A银行银票兑付的主张，于6月18日出裁定书，6月25日银票到期A银行成功兑付。

3. 案例分析

(1) 完全现金业务蕴含的风险不可忽视。

银票贴现等完全现金业务由于担保方式较有保障，故在办理业务时容易麻痹大意、忽视相关管理和操作要求，尤其在目前银行存款业务指标压力较大的背景下，更可能出现放松客户准入和轻视操作细节的情况。然而，低风险业务并不等同于无风险业务，银票贴现等完全现金业务至少存在以下三大风险：

一是政策风险，票据业务风险一直是监管部门关注的重点之一，部分商业银行的基层经营网点为完成存款指标，不惜通过票据业务自开自贴、互开互贴、杠杆放大、虚构贸易背景等方式扩张业务规模，一旦被查处将面临严厉的监管处罚；

二是票据案件频发，这些案件既有内外部人员勾结大开融资性票据、伪造变造票据等，也有票据关联方合谋虚构贸易背景、骗取大量银行信贷资金；

三是操作风险事件时有发生，魔鬼隐藏于细节中，某个操作环节、流程节点的疏忽放松，就可能造成风险事件，出现意外损失。

因此，需加强风险教育和培训，提高相关信贷从业人员风险防范意识和技能水平。即便办理完全现金业务时，也需坚持审慎合规经营的原则，必须了解掌握企业的实际经营情况和贸易背景的真实性，并按照相关操作管理办法严格执行办理业务。

（2）出现挂失止付等风险状况，应立即采取措施主张A银行权利。

本案例中，A银行在已贴现票据出现挂失止付风险后，立即采取相应措施，积极主张银行权利，才最终避免了相关业务出现实质风险。因此，提醒我们在相关业务出现风险后，即刻采取积极举措的重要性，即使已过了法院公示期，只要积极主张相应权利、提供齐全的业务资料和法律文件，仍能获得法院支持，有效防范授信业务风险。

（3）注重细节，加强风险防范。

一是要在办理各项业务时注重具体操作细节，尤其是风险防控的重要环节必须严格执行到位；

二是在授信工作中留意相关信息收集，尤其是与授信客户、业务、行业等关联度高的信息，及时掌握动态变化；

三是了解到重要的风险情况后，及时调查核实，评估对A银行授信安全的影响，并抓紧采取应对措施。

本章思考题

1. 简述票据贴现业务重要授信品种、定义及其受理条件。
2. 简述票据贴现与贷款的异同点。

3. 简述票据贴现业务风险防控重点。
4. 简述票据审查要点。
5. 简述票据贴现会计处理流程。

本章小结

- 一、票据贴现业务主要授信品种及受理要求
- 二、贴现与贷款的异同
- 三、票据贴现业务会计核算处理及贴现息的计算
- 四、贴现票据的风险防范
    - （一）审查汇票出票人（付款人）和持票人的主体资格与资信情况
    - （二）审查承兑银行的资信情况
    - （三）审查票据的贸易背景
    - （四）审查票据的真实性与有效性
    - （五）审查交易合同
    - （六）审查增值税发票
    - （七）银行承兑汇票查询
    - （八）票据贴现后管理要求

思考题及答案

第一章

一、商业汇票的种类、定义及其特点。

答：商业汇票按其承兑人的不同，可以分为商业承兑汇票和银行承兑汇票两种。

银行承兑汇票指由在承兑银行开立存款账户的存款人出票，向开户银行申请并经银行审查同意承兑的，保证在指定日期无条件支付确定的金额给收款人或持票人的票据。对出票人签发的商业汇票进行承兑是银行基于对出票人资信的认可而给予的信用支持。其特点：

(1) 目前我国纸质银行承兑汇票每张票面金额最高为 1 亿元(电子的最大限额为 10 亿元)；

(2) 纸质承兑期限最长不超过 6 个月(电子汇票的最长期限可达 1 年)；

(3) 银行承兑汇票可以背书转让；

(4) 银行承兑汇票的持票人需要资金时，可持未到期的银行承兑汇票向银行申请贴现；

(5) 适用于同城或异地结算；

(6) 承兑申请人在银行承兑汇票到期未付款的，按规定计收逾期罚息。

商业承兑汇票是指由收款人签发，经付款人承兑，或由付款人签发并承兑的商业汇票。其特点：

(1) 商业承兑汇票的付款期限，最长不超过 6 个月；

(2) 商业承兑汇票的提示付款期限，自汇票到期日起 10 天；

(3) 商业承兑汇票可以背书转让；

(4) 商业承兑汇票的持票人需要资金时，可持未到期的商业承兑汇票向银行申请贴现；

(5) 适用于同城或异地结算。

二、简述票据行为特征及其构成要件。

答：票据行为特征：要式性、文义性、无因性、独立性。

票据行为构成要件：实质要件、形式要件。

三、简述票据付款请求权和追索权的定义。

答：付款请求权是持票人向付款人或承兑人请求按照汇票上记载的金额付款的权利。它是票据权利的基本功能。持票人可通过委托收款银行或者票据交换系统向付款人提示付款。

追索权是指汇票到期不获付款或期前不获承兑或与其他法定原因时，持票人在依法履行了保全手续以后，向汇票上的所有票据行为人请求偿还汇票金额、利息及其他法定款项的一种票据上的权利。

四、简述票据权利的消灭时效。

答：1. 关于持票人的付款请求权的消灭时效：

(1) 对于远期汇票，从票据到期日开始，如果在两年之内，持票人持续没有向汇票的出票人或承兑人提示付款的，则该票据权利丧失，票据债务人可以不承担票据责任。

(2) 见票即付的汇票、本票，从出票日起计算，持票人超过两年一直未向出票人或付款人要求支付票据金额的，则丧失该票据权利。

(3) 对于支票，持票人的权利从出票日起六个月内持续不行使的，则该支票的权利即丧失。

2. 关于票据追索权的消灭时效：

(1) 持票人对前手的追索权，从被拒绝承兑或拒绝付款之日起六个月内不行使，则丧失该追索权。

(2) 被追索人清偿票据债务后，从清偿日起或发生清偿纠纷被提起诉讼之日起三个月内不向其前手行使追索权，则该再追索权因此而丧失。

根据以上规定，持票人或追索权人一定要注意权利的行使期间，并在该时效内行使自己的权利，防止合法权利的丧失。

五、简述票据丧失的救济方法。

答：挂失支付、公示催告、诉讼程序。

六、简述票据业务的主要风险。

答：政策风险、票面风险、道德风险、信用风险、票据保管风险。

第二章

一、简述银行承兑汇票受理条件。

答：(1) 须是在当地登记注册的法人或其他经济组织，不能是个人和单位的内设部门；

(2) 持有人民银行核发的有效贷款卡(号)；

(3) 在银行开立结算存款账户，并经常发生结算往来，现金流充足，具有较强的支付能力；

(4) 与受票人之间具有真实合法的商品交易或劳务关系；

(5) 提供与受票人之间交易的合同原件及复印件。

二、简述银行承兑汇票业务风险防范准则与要求。

答：(1) 严禁承兑不具有真实交易关系的银行承兑汇票，防止出现融资性票据。严禁虚开和滚动承兑(即以承兑新的商业汇票代替到期商业汇票)。

(2) 严格控制关联企业之间的票据承兑业务，防止关联企业相互开票，虚增营业额，虚设贸易背景，滚动、频繁对开对贴，利用银行承兑汇票骗取银行信用。

(3) 对大额关联交易及具有融资嫌疑的票据业务，要跟踪了解商业汇票项下是否发生了实际货物转移，且货物流与资金和汇票的流向一致，对无法了解情况和确认真实交易背景的此类业务不予办理。

(4) 保证金资金来源必须合法。

(5) 以银行承兑汇票进行质押时，应保证质押的合法、有效性。

(6) 不得以企业间的委托书代替申请开票企业应出具的合同。

(7) 不得为欠息及发生承兑垫付未清的企业办理承兑业务。

(8) 已承兑的银行承兑汇票丧失后，可以进行挂失止付，但必须在挂失止付三日内或者在票据丧失后直接依法向人民法院申请公示催告，或者向人民法院提起诉讼。

(9) 在银行承兑汇票承兑后两个月内，客户经理应及时查验增值税发票(或普通发票)原件，认真履行发票原件核对、复印件收集工作。

(10) 不得为房地产企业办理承兑业务。

三、简述银行承兑汇票业务风险防控的重点。

答：1. 贸易背景真实性审查：交易合同与用途审查。

2. 承兑申请人的主体资格与资信情况的审查。

审查承兑申请人的主体资格和资信情况，承兑申请人应符合承兑授信的基本条件，承兑对象主要为银行可接受的信用评级的客户，对异地企业原则上不予办理汇票承兑业务。

3. 保证金缴存及账户管理。

按客户风险等级和出票金额缴存保证金比例，办理商业汇票承兑业务原则上收取不低于银行设定的最低保证金比例或落实不低于规定最低比例票面金额的本行存单质押，对保证金之外的差额部分必须落实担保措施，保证出票资金安全。

4. 银票开立后的管理要求。

(1) 重点加强对滚动签发银票业务的监控和管理，贷后检查时必须逐户落实实地查访，在贷后检查中必须就客户的经营状况和业务规模是否与银行承兑汇票签发量(包括在他行签发量)相吻合作出详细说明。对于承兑业务量与企业实际经营规模明显不匹配的企业，要在核实交易背景真实性的基础上，及时调整企业的票据业务授信额度。

(2) 强化信贷资金贷后管理，实行还款来源监测。

四、简述银行承兑汇票业务未用退回会计处理流程。

答：(1) 申请客户出具银行承兑汇票未用退回申请或单位公函，并加盖与银行预留印鉴名称相同的单位行政公章以及有权人签章；

(2) 申请客户将未用退回申请或单位公函以及银行承兑汇票提交至银行；

(3) 银行会计人员根据客户未用退回申请或单位公函，抽出第一联银行承兑汇票卡片和合同，并审核第一联卡片联与银行承兑汇票各要素是否相符，未用退回申请或单位公函签章是否与银行预留印鉴章相符，辨认银行承兑汇票彩色印花、水印、荧光变形曲线、行徽等标识是否真实、有效；

(4) 银行承兑汇票是否已挂失、公示催告；

(5) 审核无误后，作银行承兑汇票未用退回处理，在银行承兑汇票上加盖未用退回章或注明未用退回字样，把银行承兑汇票作为未用退回记账依据，未用退回申请或单位公函作附件。

第三章

一、简述票据贴现业务重要授信品种、定义及其受理条件。

答：(一) 银行承兑汇票贴现

1. 定义：是指银行承兑汇票的合法持有人在汇票到期日前，为了取得资金而将票据转让给银行的票据行为。

2. 受理条件：

(1) 须是在当地登记注册的法人或其他经济组织，不能是个人和单位内设部门；

(2) 持有中国人民银行核发的有效贷款卡；

(3) 在银行开立结算存款账户；

(4) 与受票人之间具有真实合法的商品交易或劳务关系；

(5) 提供与受票人之间交易的合同原件及复印件。

(二) 商业承兑汇票贴现

1. 定义：是指商业承兑汇票的合法持有人在汇票到期日前，为了取得资金而将票据转让给银行的票据行为。

2. 受理条件：

贴现申请人除须满足银票贴现申请人的各项条件外，一般还须为与银行业务往来密切、且信用等级较高的基本客户、重点客户。

(三) 买方付息(或协议付息)票据贴现

1. 定义：是指在以商业汇票为结算方式的商品购销活动中，卖方企业在销售商品后，持买方企业交付的商业汇票(银行承兑汇票或商业承兑汇票)到银行申请办理贴现，银行在买方企业同意支付全部或部分贴现利息的前提下，从买方企业在银行开立的存款账户扣收全部或部分贴现利息支付给卖方企业后，按票据贴现办法办理的贴现。

2. 受理条件：

(1) 卖方企业申请办理买方或协议付息票据贴现，需符合银行对普通票据贴现的各项规定条件；

(2) 买方企业的客户风险评级必须满足银行信用评级的要求；且已向银行出具《付息承诺书》或《买方付息票据贴现业务授权书》的客户；

(3) 买卖企业双方均应在办理贴现的分行或其分支机构开立存款账户。

（四）商业汇票无追索贴现

1. 定义：是指贴现申请人在正常的生产、经营中因资金周转之需向银行转让未到期的商业汇票，银行在扣除贴现利息后向贴现申请人支付贴现款项，同时取得除向贴现申请人进行追索以外的所有票据权利。无追索贴现适用的票据种类包括银行承兑汇票和商业承兑汇票。

2. 受理条件：

除满足银行承兑汇票贴现或商业承兑汇票贴现的条件外，还须符合下列条件：

（1）持有工商行政管理部门核发的营业执照的企业或其他经济组织；

（2）客户信用评级满足银行要求；

（3）优质客户及银行的重点营销客户；

（4）票据结算量大、票据贴现需求较多、贸易交易对手比较固定且资信优良的优势行业客户；

（5）贴现银行要求的其他条件。

二、简述票据贴现与贷款的异同点。

答：1. 贴现与贷款的相同点：

（1）贴现与贷款同属信贷范畴。

按现有规定，贴现与贷款一样，同属信贷范畴，均受到银行监管部门监管并受《贷款通则》规范，如，企业在办理贷款或贴现前都需具备人民银行核准颁发的贷款卡，发放资金前都要履行必要的审查等。

（2）贴现与贷款适用的基本原则相同。

贴现和贷款所适用的基本原则是相同的，即应遵循合法、合规性原则，效益性、安全性和流动性原则，平等、自愿、公平和诚实信用原则。

2. 贴现与贷款的区别：

（1）资金融通的期限不同。

一般贷款的期限短则数月，长则可达五年以上，而贴现的期限最长不超过六个月，并且贷款到期可以展期，贴现不得展期，如到期不获付款时，可向汇票上的所有票据行为人追索。

（2）利息的收取方式不同。

一般贷款的利息都在贷款到期或按约定时期定期收取，通常称之为先贷款后收息。贴现是银行票据的买入，银行是先行扣收利息，且通常银行承兑汇票贴现利率远远低于贷款利率。

（3）当事人不同。

一般贷款的当事人为银行、借款人和担保人。贴现的当事人则为银行、贴现申请人和票据上记载签章的每一位当事人。

（4）流动性不同。

贷款发放后，一般情况下不会发生贷款权力的转移行为。而银行经贴现取得票据权利后，可根据自身的经营状况，将票据权利通过转贴现或再贴现的方式予以转让。因此，票据贴现具有较强的流动性。

（5）授信主体不同。

贷款授信主体是贷款申请人，担保人为辅；而票据贴现后，第一付款人为承兑人，因此贴现授信主体应以承兑人为主，贴现申请人或其他票据债务人为辅。

（6）收贷对象不同。

贷款到期，收贷对象以贷款申请人为主，担保人为辅；而贴现票据到期，收贷对象以承兑人为主，其他票据债务人为辅。

（7）会计处置与报表处理不同。

企业办理贴现后，表现为应收票据减少，货币资金增加。卖出票据后，在企业资产负债表中不作反映，仅在表外附注栏的“或有事项”中进行说明，即“已贴现商业汇票形成的或有负债金额”，表现为企业的或有负债。而企业在办理贷款后，表现为短期或长期借款增加，货币资金增加，在会计报表上即表内有明确反映。

三、简述票据贴现业务风险防控重点。

答：（1）审查汇票出票人（付款人）和持票人的主体资格与资信情况；

（2）审查承兑银行的资信情况；

（3）审查票据的贸易背景；

（4）审查票据的真实性与有效性；

（5）审查交易合同；

（6）审查增值税发票；

（7）审查票据的要式、要件；

（8）银行承兑汇票查询；

（9）票据贴现后管理要求。

四、简述票据审查要点。

答：（1）汇票的格式、联次、颜色、规格及防伪技术要求和印制，均由中国人民银行统一规定；

(2) 汇票正面必须记载的事项是否准确、有无缺漏；

(3) 正面签章是否清晰、完整、有无重叠；

(4) 收款人及付款人有误更改；

(5) 汇票的金额，以及出票日期和到期日是否更改，书写方法是否符合《支付结算办法》附一的规定；

(6) 其他：变更收/付款人、出票日期、汇票到期日和金额以外的其他记载事项时，是否有原记载人签章证明；

(7) 背书是否存在条件；是否连续；背书记载事项中是否存在“不得转让”、“委托收款”、“质押”等不宜贴现的事项。

五、简述票据贴现会计处理流程

1. 会计人员审核业务部门提交的各项贴现资料，具体内容如下：

(1) 审核贴现凭证、银行承兑汇票、查询查复书及贴现合同是否齐全、完整，各资料内容是否完全填写相符；

(2) 辨认贴现票据的真伪，审核票据票面是否要素齐全、背书是否连续规范；

(3) 审核查询查复书内容，确认汇票票面要素是否与查询内容相符，他行是否已向承兑行或承兑人办理过查询，有无挂失止付、公示催告或被有关司法机关冻结等情况；

(4) 启用验印系统或抽卡折角核对客户贴现凭证客户签章与银行预留印鉴是否相符；

(5) 手工复算贴现息是否正确。

2. 会计人员按规定办理贴现操作手续，同时系统自动产生相应的贴现电子卡片，记收期收票据，并向客户收取贴现利息。会计人员在贴现凭证有关栏位上填写贴现利息和实付贴现金额，将贴现凭证留存联按到期日排序专夹保管，将贴现票据做转让背书，将查询查复书复印后双人封包入库按到期日排序保管，待到期前办理托收。

商业银行在办理贴现后，应在两个工作日内通过中国人民银行大额支付系统或其他有效沟通方式或电子系统，将“该票据已由本行贴现”的信息告知承兑行。如本行承兑的票据出现冻结、止付或其他风险事项，承兑行应在知悉相关风险信息的两个工作日内告知贴现行。

附件

附件1

钢材购销合同

甲方(需方):______________________________

乙方(供方):______________________________

根据《中华人民共和国合同法》及有关规定,甲、乙双方本着平等、互利、互惠的原则,就甲方向乙方采购钢材有关事宜达成以下协议:

第一条 甲方因(项目名称:______________________________

______________________________)建设需要,向乙方采购钢材产品。乙方应根据甲方的采购计划,按时供应所需钢材产品。

第二条 甲方根据工程进度情况,分期分批以采购单(或订货单,可传真)方式向乙方下达采购计划,采购单应载明采购产品的规格、型号、数量和产地要求,以及交货时间、地点等内容。

第三条 乙方在收到甲方的采购单后,应立即与甲方商定本批钢材产品的结算单价和交货时间、地点等事宜。经双方协商确定后,乙方应当立即组织发货。若遇特殊情况,无法及时供货,应及时通知甲方。

第四条 交货地点应选择在承运车辆能够顺利到达的地方,乙方应按时将货物运达至指定的交货地点。货物在运达交货地点之前,全部风险由乙方承担。

第五条 货物运达指定地点后,甲方应当即派人对产品的规格、型号、数量及质量进行查验,经查验无误后,应当场接收货物。甲方接收货物后,全部风险由甲方承担。

第六条 乙方所提供钢材产品的质量,应符合国家现行有关标准。其中:螺纹钢执行GB1499.2-2007/XG1-2009,盘条圆钢执行GB1499.1-2008。

第七条 钢材产品的重量以吨为单位计算,其中纹钢、圆钢按理论重量计算,盘圆以过磅重量计算。

第八条 货款的结算单价按以下两种方式确定：

1. 货到即付方式，结算单价＝我国钢材网公布的当日单价＋运杂费单价______元＋业务加价________元。

2. 非货到即付方式，结算单价以供货当日市场价格为参考，由双方友好协商确定。

第九条 甲方应及时支付每批货款，具体期限如下：

凡按货到即付方式确定结算单价的，应当在交货后，5 日内付清全部货款；

凡按非货到即付方式确定结算单价的，应当在交货后，30 日内付清全部货款。

如双方在采购（供货）某批货物时，对付款期限另有书面约定的，以书面约定的期限为准。

第十条 装载、运输货物所需运杂费用，按每吨________元计算。货物到达交货地点后，因装卸、搬运货物等所产生的一切费用，由甲方负责承担。

第十一条 违约责任：

1. 甲方在查验、接收货物时，发现产品的品种、规格、质量不符合采购单上所载明的要求时，乙方应及时加以调换。由于上述原因致使延误交货时间的，每逾期一日，应向甲方支付逾期交货部分货款总值的________‰的违约金。

2. 乙方未按约定的数量交货时，少交的部分，甲方如果需要，应照数补交。如遇市场缺货等特别情况，应及时通知甲方，由双方另行协调解决。否则乙方应付给甲方不能交货部分货款总值的________‰的违约金。

3. 乙方在无正当理由的情况下，未按约定时间如期交货时，则每逾期一日，应付给甲方延期交货部分货款总值的________‰的违约金；同样甲方未按约定期限支付货款时，则每逾期一日，应付给乙方未付货款部分的________‰的违约金。

4. 甲方未派人当即查验、当场接收货物时，应在当日内及时派人查验、接收货物。否则每延期一日，应向乙方支付未及时查验、接收部分货物货款总值的________‰的违约金。在乙方无过失（错）的情况下，如甲方提出调换、退还货物要求的，所产生的费用及经济损失，由甲方负责承担。

5. 甲、乙任何一方如要求全都或部分解除合同，必须以书面形式提出理由，并经双方协商一致后方能解除。提出解除合同的一方，应向对方偿付因解除合同带来的经济损失。

6. 本合同所订一切条款，甲、乙任何一方不得擅自变更或修改。如一方单独变更、修改本合同，对方有权拒绝收货或供货，并要求单独变更、修改一方赔偿一切损失。

7. 甲、乙任何一方如因自然灾害、交通堵塞、市场缺货等不可抗力原因，不能有效履行本合同时，应及时通知对方不能履行、延期履行或部分履行的理由。确因不可抗力等原因，影响合同有效履行的，可免予承担违约责任。

第十二条 本合同约定的双方权利与义务不得单方面转让，如果一方擅自转让，另一方有权解除合同或要求对方承担因此而造成的经济损失。

第十三条 本合同在履行过程中发生的争议，由双方当事人协商解决或请第三方调解解决，协商或调解不成的，双方可以依法向有权管辖的人民法院提起诉讼。

第十四条 本合同在执行期间，如有未尽事宜，经甲、乙双方协商后，可另行签订补充协议，补充协议与本合同具有同等法律效力。

第十五条 本合同及补充协议中未规定的事项，按照《中华人民共和国合同法》等有关法律、法规执行。

第十六条 本合同正本一式________份，甲、乙双方各执________份，自双方签字盖章之日起生效。

甲方（盖章）	乙方（盖章）：
法定代表人：	法定代表人：
委托代理人：	委托代理人：
电话：	电话：
开户银行：	开户银行：
账号：	账号：
邮政编码：	邮政编号：
年　月　日	年　月　日

签订地点：________________________________

附件 2

编号：

开立银行承兑汇票合同

××银行股份有限公司

编号：

开立银行承兑汇票合同

重要提示

请申请人认真阅读本合同全文，尤其是带有▲▲标记的条款。如有疑义，请及时提请承兑人予以说明。

申请人：________________________________
法定代表人（负责人）：________________________
法定地址：______________________________
通讯地址：______________________________
承兑人：交通银行股份有限公司____________分（支）行
负责人：________________________________
通讯地址：______________________________

鉴于申请人向承兑人申请办理开立银行承兑汇票（下称“汇票”）业务，为明确双方权利义务，申请人与承兑人经协商一致，特订立本合同。

第一条　承兑汇票

1.1　本合同项下申请人向承兑人申请承兑的为

□纸质银行承兑汇票

□电子银行承兑汇票

1.2　承兑人同意为申请人承兑的汇票金额共计：人民币（大写）__________________________。各笔汇票具体情况详见附件《开立银行承兑汇票清单》。

1.3　在下列条件全部符合前，承兑人有权拒绝承兑附件所列汇票：

(1) 本合同项下担保合同（如有）已生效并持续有效，担保合同系抵押合同及/或质押合同的，担保物权已设立并持续有效；

(2) 申请人已按本合同的约定交存保证金并支付手续费。

1.4　汇票的签发日和到期日以汇票的记载为准。

第二条　承兑手续费

承兑手续费按汇票票面总金额的________‰计收，由申请人在本合同签订后立即支付给承兑人。

第三条 保证金

3.1 保证金账户（账号：________）申请人应在________年________月________日前存入保证金（币种及大写金额）____。保证金及利息作为申请人履行本合同的担保。

3.2 保证金自存入保证金账户之日起即转移为承兑人占有。承兑人因本合同而需对持票人付款时，有权直接扣划保证金及其利息。

3.3 保证金的计息方式：________。

▲▲第四条 申请人的陈述及保证

4.1 申请人依法设立并合法存续，具备所有必要的权利能力，能以自身名义履行本合同的义务并承担民事责任。

4.2 签署和履行本合同是申请人真实的意思表示，并经过所有必须的同意、批准及授权，不存在任何法律上的瑕疵。

4.3 汇票项下的商品交易是真实合法的。

4.4 申请人在签署和履行本合同过程中向承兑人提供的全部文件、报表、资料及信息是真实、准确、完整和有效的，未向承兑人隐瞒可能影响其财务状况和还款能力的任何信息。

4.5 在签订本合同时，申请人不是担保人的股东或《公司法》所定义的“实际控制人”，也没有关于成为担保人的股东或实际控制人的计划。

第五条 承兑人的权利与义务

除法律法规规定可以拒付的情形外，承兑人应在汇票到期日凭票无条件支付票款，而无需事先通知申请人或征得申请人同意。

▲▲第六条 申请人的义务

6.1 在任何情况下，申请人应将依本合同承兑的任一汇票项下票款于汇票到期日前足额交存承兑人处。

6.2 申请人应自行解决与持票人发生的任何争议，该等争议不影响申请人履行本合同的义务。

6.3 申请人应遵循承兑人与办理汇票业务相关的业务制度及操作惯例，包括但不限于配合承兑人对申请人经营情况的监督检查，及时提供承兑人要求的一切财务报表、其他资料及信息，并保证所提供文件、资料和信息是真实、完整、准确的。

6.4　申请人有下列任一事项时，应当至少提前30天书面通知承兑人，并且，在清偿或足额交存本合同项下所有票款或提供承兑人认可的还款方案及担保前不应采取行动：

（1）出售、赠与、出租、转移、抵押、质押或以其他方式处分全部或大部分资产或重要资产；

（2）经营体制或产权组织形式发生或可能发生重大变化，包括但不限于实施承包、租赁、联营、公司制改造、股份合作制改造、企业出售、合并（兼并）、合资（合作）、分立、设立子公司、产权转让、减资等。

6.5　申请人应当在下列事项发生或可能发生之日起7日内书面通知承兑人：

（1）修改章程，变更企业名称、法定代表人（负责人）、住所、通讯地址或营业范围等工商登记事项，或作出对财务、人事有重大影响的决定；

（2）借款人或担保人拟申请破产或可能或已被债权人申请破产；

（3）涉及重大诉讼、仲裁或行政措施，或者主要资产或本合同项下担保物被采取了财产保全或其他强制措施；

（4）为第三方提供保证，并因此而对其经济状况、财务状况或履行本合同项下义务的能力产生重大不利影响；

（5）签署对其经营和财务状况有重大影响的合同；

（6）借款人或担保人停产、歇业、解散、停业整顿、被撤销或营业执照被吊销；

（7）申请人、申请人的法定代表人（负责人）或主要管理人员涉及违法违规或违反所适用的交易所规则；

（8）经营出现严重困难，或财务状况恶化，或发生对申请人经营、财务状况或偿债能力有负面影响的其他事件；

（9）发生关联交易，且交易金额达到或超过最近经审计的净资产的10%；

（10）在清偿本合同项下全部债务前，申请人成为或可能成为担保人的股东或《公司法》所定义的“实际控制人”。

6.6　本合同项下的担保发生不利于承兑人债权的变化时，申请人应按承兑人的要求及时提供承兑人认可的其他担保。

本款所称“变化”包括但不限于：担保人合并、分立、停产、歇业、解散、停业整顿、被撤销、营业执照被吊销、申请或被申请破产；担保人的经营或财务状况有重大变化；担保人涉及重大诉讼、仲裁、行政措施，或主要资产被采取了财产保全或其他强制措施；担保物的价值减少或可能减少或被采取财产保全等强制措施；担保人或其法定代表人(负责人)或主要管理人员涉及违法违规或违反所适用的交易所规则;担保人为个人的,担保人失踪、死亡(宣告死亡);担保人在担保合同项下有违约行为;担保人与申请人发生争议;担保人要求解除担保合同;担保合同未生效或无效或被撤销;担保物权未设立或无效;或影响承兑人债权安全的其他事件等。

第七条　其他约定事项

____

____

____

▲▲第八条　补交保证金

出现下列任一情形,承兑人有权要求申请人补交保证金直至达到本合同项下已承兑且尚未付款的汇票金额的总和:

(1) 申请人在第四条款项下所作陈述与保证不真实;

(2) 申请人违反本合同的约定;

(3) 第6.5条所列应通知的任何事项之一实际发生,承兑人认为将影响其债权的安全;

(4) 申请人在履行与承兑人订立的其他合同或与第三人订立的合同时,有违约行为或债务可能或已经被宣布提前到期的。

▲▲第九条　违约

9.1　申请人授权承兑人直接扣划保证金及申请人在承兑人处开立的任一账户中的款项用于向持票人付款,扣划不足部分将由承兑人垫付。

9.2　自承兑人垫付票款之日起,申请人应立即向承兑人偿还垫款并按每日万分之________的利率支付利息。

9.3　申请人未按时足额偿还垫款、支付利息的,应当承担承兑人为实现本合同项下债权而支付的催收费、诉讼费(或仲裁费)、保全费、公告费、执行费、律师费、差旅费及其他相关费用。

9.4　申请人有逃避承兑人监督、拖欠垫款本金及利息、恶意逃废债等行为时,承兑人有权将该种行为向有关单位通报,并在新闻媒体上公告。

▲▲第十条　扣划约定

10.1　申请人授权,未足额偿还承兑人垫款本金、利息或其他费用时,承兑人有权扣划申请人在交通银行开立的任一账户中的资金用于清偿。

10.2　扣划后,承兑人应将扣划所涉账号、合同号、汇票号码、扣划金额及剩余的债务金额通知申请人。

10.3　扣划所得款项不足以清偿申请人全部债务时，应首先用于抵偿到期未付的费用，抵偿费用后的余额先用于抵偿到期未付的本金，再用于抵偿到期未付的利息或罚息、复利。

10.4　扣划所得款项与需抵偿的债务币种不一致的，按交通银行在扣划时公布的汇率折算为抵偿债务的金额。

第十一条　通知

11.1　申请人在本合同中填写的联系方式（包括通讯地址、联系电话、传真号码等）均真实有效。任一联系方式发生变更，申请人应立即以书面方式将变更信息寄/送至承兑人在本合同填写的通讯地址。该等信息变更仅在承兑人实际收到更改通知并更改有关记录后生效。

11.2　除本合同另有明确约定外，承兑人对申请人的任何通知，承兑人有权通过以下任一方式进行。承兑人有权选择其认为合适的通知方式，且在任何情况下均无需对邮递、传真、电话或任何其他通讯系统所出现的任何传送失误、缺漏或延迟承担任何责任。承兑人同时选择多种通知方式的，以其中较快到达申请人者为准。

(1) 公告，以承兑人在其网站、网上银行、电话银行或营业网点发布公告之日视为送达日；

(2) 专人送达，以申请人签收之日视为送达日；

(3) 邮递（包括特快专递、平信邮寄、挂号邮寄）送达于承兑人最近所知的申请人通讯地址，以邮寄之日后的第 3 日（同城）/第 5 日（异地）（即使该邮件可能被退回）视为送达日；

(4) 传真或其他电子通讯方式送达于承兑人最近所知的申请人传真号码或电子通讯地址，以发送之日视为送达日。

▲▲第十二条　信息披露与保密

12.1　承兑人应对申请人的商业秘密及其他书面标注需保密的信息和资料负保密责任，但下列情形除外：

(1) 适用法律法规或上市规则要求披露的；

(2) 司法部门或政府部门要求披露的；

(3) 向承兑人的外部专业顾问披露的；

(4) 申请人同意或授权承兑人进行披露的。

12.2　申请人同意交通银行在如下情形可以使用或披露所有有关申请人的信

息和资料，包括但不限于申请人的基本信息、票据信息及其他相关信息和资料等，愿意承担由此产生的一切后果：

（1）为下列目的向业务外包机构、第三方服务供应商、其他金融机构及承兑人认为必要的其他机构或个人，包括但不限于交通银行的其他分支机构，或者交通银行完全或部分拥有的子公司，披露和允许其使用该等信息和资料：① 为开展承兑业务或与承兑业务有关；② 为承兑人向申请人提供或可能提供新产品或服务或进一步提供服务；③ 为更好地维护、管理和提升客户关系。

（2）将该等信息和资料提供给中国征信中心和其他经中国人民银行批准建立的征信机构或信用信息数据库；

（3）为业务运营、管理、统计、分析和风险控制的目的使用或允许第三方在保密的基础上使用该等信息和资料。

第十三条　争议的解决

本合同项下争议向承兑人所在地有管辖权的法院起诉。争议期间，各方仍应继续履行未涉争议的条款。

第十四条　其他条款

▲▲14.1　申请人同意承兑人因承兑申请及管理查询并留存申请人的信用信息。

14.2　本合同项下经双方签署的《开立银行承兑汇票清单》双方确认的其他相关文件、资料均为本合同不可分割的组成部分。

14.3　本合同经申请人法定代表人（负责人）或授权代表签字（或盖章）并加盖公章、承兑人负责人或授权代表签字（或盖章）并加盖单位印章后生效。

14.4　本合同正本一式______份，签约双方及担保人各持一份。

申请人已通读上述条款，承兑人已应申请人的要求作了相应说明，申请人对所有内容无异议。

申请人（公章）	承兑人（单位印章）
法定代表人（负责人）或授权代表 （签字或盖章）	负责人或授权代表 （签字或盖章）
签署日：____年____月____日	签署日：____年____月____日

附件：

开立银行承兑汇票清单

合同编号：

<table>
<tr><td rowspan="3">出票人情况</td><td>出票人全称</td><td colspan="7"></td></tr>
<tr><td>开户银行</td><td colspan="7"></td></tr>
<tr><td>账　　号</td><td colspan="7"></td></tr>
<tr><td colspan="9">银　行　承　兑　汇　票　其　他　情　况</td></tr>
<tr><td>序号</td><td>收款人全称</td><td>收款人开户银行</td><td>收款人账号</td><td>汇票号码</td><td>汇票币种及大写金额</td><td>出票日期</td><td>汇票到期日</td><td>交易合同号</td></tr>
<tr><td>1</td><td></td><td></td><td></td><td></td><td></td><td></td><td></td><td></td></tr>
<tr><td>2</td><td></td><td></td><td></td><td></td><td></td><td></td><td></td><td></td></tr>
<tr><td>3</td><td></td><td></td><td></td><td></td><td></td><td></td><td></td><td></td></tr>
<tr><td>4</td><td></td><td></td><td></td><td></td><td></td><td></td><td></td><td></td></tr>
<tr><td>5</td><td></td><td></td><td></td><td></td><td></td><td></td><td></td><td></td></tr>
<tr><td>6</td><td></td><td></td><td></td><td></td><td></td><td></td><td></td><td></td></tr>
<tr><td>7</td><td></td><td></td><td></td><td></td><td></td><td></td><td></td><td></td></tr>
<tr><td>8</td><td></td><td></td><td></td><td></td><td></td><td></td><td></td><td></td></tr>
<tr><td>9</td><td></td><td></td><td></td><td></td><td></td><td></td><td></td><td></td></tr>
<tr><td>10</td><td></td><td></td><td></td><td></td><td></td><td></td><td></td><td></td></tr>
<tr><td>11</td><td></td><td></td><td></td><td></td><td></td><td></td><td></td><td></td></tr>
<tr><td>12</td><td></td><td></td><td></td><td></td><td></td><td></td><td></td><td></td></tr>
<tr><td>合计</td><td>笔　数</td><td></td><td colspan="2">汇票总金额</td><td colspan="4"></td></tr>
</table>

申请人（公章）：　　　　　　　　　　承兑人（单位印章）：

经办人：　　　　　　　　　　　　　　经办人：

附件 3

编号：

贴 现 合 同

××银行股份有限公司

编号：

贴现合同

重要提示

请贴现申请人认真阅读本合同全文，尤其是带有▲▲标记的条款。如有疑义，请及时提请贴现银行予以说明。

贴现申请人：
法定代表人(负责人)：
法定地址：
通讯地址：

贴现银行：
负责人：
通讯地址：

鉴于贴现申请人拟在____年____月____日至____年____月____日的期间(以下称该期间为“本合同有效期”)内向贴现银行申请办理商业汇票贴现业务，为明确双方权利义务，双方经协商一致，特订立本合同。

第一条　定义

1.1　“商业汇票”指纸质商业汇票或电子商业汇票(电子商业汇票、电子商业汇票系统的定义，依照电子商业汇票制度的规定)。

商业汇票分为纸质银行承兑汇票、电子银行承兑汇票、纸质商业承兑汇票和/或电子商业承兑汇票。

1.2　“贴现日”就每张商业汇票而言，指贴现银行向贴现申请人支付实付贴现金额之日。

1.3　“贴现期限”指从贴现日起至汇票到期日止的期间(到期日为国家法定节假日则顺延)。承兑人在异地的，贴现期限为前述期间再加3天。本合同项下各张商业汇票的贴现期限分别计算。

1.4　“实付贴现金额”指贴现银行支付给贴现申请人的款项，计算方法为票面金额扣除贴现利息。除非另有说明,本合同以下部分所述“贴现款项”均指该实付贴现金额。

1.5 “贴现利息”从贴现日计至商业汇票到期前一日(到期日为国家法定节假日时顺延,并加计计息天数)。承兑人在异地的,贴现利息的计算应另加3天的划款日期。

第二条 适用范围

贴现申请人与贴现银行在本合同有效期内办理贴现业务的,应当适用本合同。但本合同的签署不得视为贴现申请人有向贴现银行申请贴现的义务,也不得视为贴现银行有接受贴现申请人的申请并为其贴现的义务。

第三条 贴现业务的办理

3.1 贴现申请人需办理贴现时,应向贴现银行提交下列文件:

(1) 按本合同所附格式签署并向贴现银行出具的《贴现商业汇票清单》;

(2) 办理纸质商业汇票贴现时,贴现申请人应提交已经填妥的《贴现凭证》;

(3) 经贴现申请人背书给贴现银行的商业汇票;

(4) 证明出票人或其直接前手之间具有真实交易关系的商品交易合同、增值税专用发票或普通发票、货运单据等文件的原件与复印件各一套;

(5) 营业执照副本复印件、法人代码证书、法定代表人资格证明文件、贷款证(卡);

(6) 贴现申请人的法定代表人签署的贴现授权委托书和经办人身份证或其他法定身份证件;

(7) 贴现银行要求的其他文件。

如果贴现申请人据以取得汇票的基础交易相对人已经和贴现银行承诺支付相关贴现利息的,贴现申请人无需提交上述第(1)项文件,但需按贴现银行要求的格式提供《买方付息票据贴现申请书》或《协议付息票据贴现申请书》。

上述第(5)项文件仅需在第一次办理贴现时提供。该项下的文件在本合同有效期内发生了变化的,贴现申请人应在发生变化之日后第一次办理贴现时提供变化后的文件。贴现银行在贴现申请人提交变化后的文件之前根据原文件办理的贴现,贴现申请人不得以有关文件已经发生变化为由提出任何抗辩。

3.2 贴现银行有权自主决定是否接受贴现申请人的贴现申请办理贴现。

3.3 贴现银行同意贴现的,应在《贴现凭证》记载的贴现日(纸质商业汇票贴现)或电子商业汇票系统记载的贴现日期(电子商业汇票贴现)将贴现款项划入贴

现申请人指定的账户。但在贴现银行支付贴现款项前存在下列情况的,贴现银行有权拒绝支付贴现款项:

(1) 贴现票据存在瑕疵或无效情形;

(2) 贴现票据被利害关系人申请挂失、公示催告或被有权机关采取查封、冻结等保全或执行措施;

(3) 本合同无效、被撤销或终止;

(4) 贴现申请人违反其在本合同第四条所作陈述与保证;

(5) 本合同项下的担保(如果有)未有效设立或无效;

(6) 贴现申请人未按贴现银行要求指定资金回笼账户或签署账户管理协议;

(7) 贴现申请人违反本合同其他约定的。

如果贴现申请人据以取得汇票的基础交易相对人已经向贴现银行承诺支付相关贴现利息的,贴现银行将根据该相对人的授权将该相应款项一并支付给贴现申请人。对贴现申请人与该相对人之间就该款项发生的纠纷,贴现银行不承担任何责任。

3.4 各张商业汇票项下的贴现日、贴现利率、实付贴现金额等以相应《贴现凭证》的记载(纸质商业汇票贴现)或电子商业汇票系统的记载(电子商业汇票贴现)为准。

3.5 贴现申请人应在贴现款发放前向贴现银行提交资金使用说明及贴现银行要求的其他材料。

贴现款的支付采用贴现申请人自主支付方式。贴现申请人自主支付是指贴现银行根据本合同约定将贴现款资金发放至贴现申请人账户后,由贴现申请人自主支付给符合本合同约定用途的贴现申请人交易对手。

贴现申请人应在贴现款发放后____日内向贴现银行汇总报告贴现款资金支付情况。贴现银行有权通过账户分析、凭证查验、现场调查等方式核查贴现款支付是否符合约定用途,贴现申请人须配合贴现银行的核查。

▲▲第四条　贴现申请人的陈述与保证

为保证本合同的履行和保障贴现银行的合法权益,贴现申请人在签署本合同时和本合同有效期内持续做出以下陈述和保证:

4.1 贴现申请人依法设立并合法存续,具备所有必要的权利能力,能以自身名义履行本合同的义务并承担民事责任。

4.2 签署和履行本合同是贴现申请人真实的意思表示,并经过所有必须的同意、批准及授权，不存在任何法律上的瑕疵。

4.3 贴现申请人生产经营合法、合规，具有持续经营能力，有合法的还款来源，无重大不良信用记录。贴现申请人的高级管理人员无不良记录。

4.4 贴现申请人根据本合同申请贴现时向贴现银行提供的商业汇票及其他所有文件均真实、合法、有效，不存在伪造、变造的情形；票据及所有文件上的签字均为有权签字人的真实签署；贴现申请人未向贴现银行隐瞒可能影响其履约能力的任何信息，贴现申请人的财务状况自最新的财务报表报告日以来未发生重大不利变化。

4.5 贴现申请人保证其通过合法手续取得本合同项下所有商业汇票及相应的票据权利。对经背书的商业汇票，贴现申请人保证在该汇票项下与其直接前手间的转让是真实、有效的。如果贴现汇票系基于提供商品或服务取得，该商品或服务交易真实、有效且贴现申请人已经或将根据基础交易合同支付相应对价。

4.6 贴现申请人保证《贴现商业汇票清单》所列票据不存在被利害关系人申请挂失、公示催告或被有权机关采取查封、冻结等保全或执行措施的情形。

4.7 贴现申请人保证在获知任何可能危及贴现银行行使票据权利的情况时，及时通知贴现银行。

4.8 贴现申请人应按本合同约定用途使用贴现款，不应将本合同项下贴现款挪作他用，不得将贴现款用于固定资产投资、股权投资及国家禁止生产、经营的领域和用途。贴现所得款项的使用不违反国家法律、法规。

第五条　追索

▲▲5.1 出现下列情形之一，贴现银行有权向贴现申请人追索：

(1) 本合同项下任一商业汇票到期被拒绝付款的，贴现银行有权就该被拒绝付款的商业汇票向贴现申请人追索；

(2) 贴现期限内，承兑人被宣告破产或被有权部门责令终止业务活动的，贴现银行有权就该承兑人承兑的所有商业汇票向贴现申请人追索；

(3) 其他因为贴现申请人的原因致使贴现银行未能取得贴现汇票项下款项或取得后被他人依法追索的。

5.2 贴现银行行使上款追索权的，应在取得退票理由书或其他有关证明之日起3日内书面通知贴现申请人，贴现申请人应于收到通知时立即将下列款项支付给贴现银行：

(1) 相关商业汇票的票面金额；

(2) 相关商业汇票票面金额自到期日起至清偿日止，按照中国人民银行规定的同期贷款利率计收的利息和复利；

(3) 贴现银行取得退票理由书及其他有关证明和发出通知书的费用。

▲▲5.3 本合同项下每份商业汇票的贴现均是独立的，任何一张商业汇票项下出现追索事由，贴现银行均有权就该商业汇票向贴现申请人行使追索权。

第六条 通知

6.1 贴现申请人在本合同中填写的联系方式(包括通讯地址、联系电话、传真号码等)均真实有效。任一联系方式发生变更，贴现申请人应立即以书面方式将变更信息寄/送至贴现银行在本合同填写的通讯地址。该等信息变更仅在贴现银行实际收到更改通知并更改有关记录后生效。

6.2 除本合同另有明确约定外，贴现银行对贴现申请人的任何通知，贴现银行有权通过以下任一方式进行。贴现银行有权选择其认为合适的通知方式，且在任何情况下均无需对邮递、传真、电话或任何其他通讯系统所出现的任何传送失误、缺漏或延迟承担任何责任。贴现银行同时选择多种通知方式的，以其中较快到达贴现申请人者为准。

(1) 公告，以贴现银行在其网站、网上银行、电话银行或营业网点发布公告之日视为送达日；

(2) 专人送达，以贴现申请人签收之日视为送达日；

(3) 邮递(包括特快专递、平信邮寄、挂号邮寄)送达于贴现银行最近所知的贴现申请人通讯地址，以邮寄之日后的第 3 日(同城)/第 5 日(异地)(即使该邮件可能被退回)视为送达日；

(4) 传真或其他电子通讯方式送达于贴现银行最近所知的贴现申请人传真号码或电子通讯地址，以发送之日视为送达日。

▲▲第七条 信息披露与保密

7.1 贴现银行应对贴现申请人的商业秘密及其他书面标注需保密的信息和资料负保密责任，但下列情形除外：

(1) 适用法律法规或上市规则要求披露的；

(2) 司法部门或政府部门要求披露的；

(3) 向贴现银行的外部专业顾问披露的；

(4) 贴现申请人同意或授权贴现银行进行披露的。

7.2 贴现申请人同意交通银行在如下情形可以使用或披露所有有关贴现申

请人的信息和资料，包括但不限于贴现申请人的基本信息、票据信息及其他相关信息和资料等，愿意承担由此产生的一切后果：

(1) 为下列目的向业务外包机构、第三方服务供应商、其他金融机构及贴现银行认为必要的其他机构或个人，包括但不限于交通银行的其他分支机构，或者交通银行完全或部分拥有的子公司，披露和允许其使用该等信息和资料：① 为开展贴现业务或与贴现业务有关；② 为贴现银行向贴现申请人提供或可能提供新产品或服务或进一步提供服务；③ 为更好地维护、管理和提升客户关系。

(2) 将该等信息和资料提供给中国征信中心和其他经中国人民银行批准建立的征信机构或信用信息数据库。

(3) 为业务运营、管理、统计、分析和风险控制的目的使用或允许第三方在保密的基础上使用该等信息和资料。

第八条　其他约定事项

8.1　贴现申请人指定的资金回笼账户为：

户名：________________________________

账号：______________________________

开户行：____________________________

贴现申请人指定的资金回笼账户用于收取对应销售收入或计划还款资金，对应销售收入以非现金方式结算的，贴现申请人应确保在收到款项后及时划入资金回笼账户。贴现申请人应按照贴现银行的要求提供资金回笼账户的资金进出情况。

8.2　____

____

第九条　本合同的终止

9.1　在本合同有效期届满前，任何一方有权提前3日通知对方后终止本合同。

9.2　本合同的终止不影响双方在合同终止前办理的贴现业务。

▲▲第十条　违约

10.1　贴现申请人在第四条项下所作陈述与保证不真实时，贴现银行有权要求贴现申请人立即支付下列款项：

(1) 贴现银行已支付的贴现款项，但贴现银行已经行使付款请求权并取得汇票项下款项的除外；

(2) 本条第(1)项所述贴现款项自贴现日至贴现申请人支付日期间按同期贷

款利率计算的利息损失；

(3) 其他损失，包括但不限于贴现银行为主张相关汇票项下票据权利时支出的诉讼费、仲裁费、保全费、鉴定费、执行费、律师费、通知费、催告费、公告费、差旅费以及其他相关费用。

10.2 贴现申请人违反本合同约定的，贴现银行有权要求贴现申请人在限定时限内与贴现银行协商补充贴现款项发放和支付条件，有权要求贴现申请人按贴现银行的要求变更支付方式。

▲▲第十一条 扣划约定

11.1 贴现申请人授权，在本合同项下有应付未付的款项及费用时，贴现银行有权扣划贴现申请人在交通银行开立的任一账户中的资金用于清偿。

11.2 扣划后，贴现银行应将扣划所涉账号、合同号、扣划金额及剩余的债务金额通知贴现申请人。

11.3 扣划所得款项不足以清偿贴现申请人全部债务时，应首先用于抵偿到期未付的费用，再用于抵偿应支付的利息，最后用于抵偿应返还的贴现款项或票面金额。

11.4 扣划所得款项与需抵偿的债务币种不一致的，按交通银行在扣划时公布的汇率折算为抵偿债务的金额。

第十二条 法律适用和争议解决

本合同适用中华人民共和国法律。本合同项下争议向贴现银行所在地有管辖权的法院起诉。争议期间，各方仍应继续履行未涉争议的条款。

第十三条 其他条款

▲▲13.1 贴现申请人同意贴现银行因贴现申请及管理查询并留存贴现申请人的信用信息。

▲▲13.2 因不可抗力、通讯或网络故障、贴现银行系统故障等原因导致未按时发放贴现款的，贴现银行不承担任何责任，但将及时通知贴现申请人。

13.3 本合同项下经双方签署的《贴现商业汇票清单》和其他相关文件、资料以及查询复查书、《贴现凭证》(纸质商业汇票贴现)、电子商业汇票系统记录等均为本合同不可分割的组成部分。

13.4 本合同自双方法定代表人(负责人)或授权代表签字(或盖章)并加盖公章后生效。

13.5 本合同正本一式____份，签约双方各执____份。

> 贴现申请人已通读上述条款，贴现银行已应贴现申请人的要求作了相应说明，贴现申请人对所有内容无异议。

贴现申请人（公章）

法定代表人（负责人）或授权代表
（签字或盖章）

签署日：　　年　　月　　日

贴现银行（公章）

负责人或授权代表
（签字或盖章）

签署日：　　年　　月　　日

附件：

编号：

贴现商业汇票清单

××银行____________分(支)行(下称"贴现银行")：

贴现申请人愿遵守《中华人民共和国票据法》和人民银行制定的《支付结算办法》、电子商业汇票制度的有关规定和要求，依法将持有的下列商业汇票向贵行申请办理贴现。

汇票种类	汇票号码	票面金额(元)	承兑日	承兑人	到期日
纸质银行承兑汇票					
电子银行承兑汇票					
纸质商业承兑汇票					
电子商业承兑汇票					
合计(元)					

融资款用途：________________________

请根据贵我双方签订的编号为________的《贴现合同》(下称合同)对上述汇票予以审查！对于贵行同意贴现的汇票，请按合同的约定办理贴现。我方保证如实履行合同中约定的义务。合同项下的陈述与保证继续有效。

贴现申请人(公章)：

法定代表人(负责人)或授权代表
(签字或盖章)

申请日____年____月____日

注：本申请书一式两份，贴现申请人和贴现银行各持一份。

附件 4

中华人民共和国《票据法》

（1995 年 5 月 10 日第 8 届全国人民代表大会常务委员会 13 次会议通过
1995 年 5 月 10 日中华人民共和国主席令第 49 号公布自 1996 年 1 月 1 日起施行）

目　　录

第一章　总　　则

第一条　为了规范票据行为，保障票据活动中当事人的合法权益，维护社会经济秩序，促进社会主义市场经济的发展，制定本法。

第二条　在中华人民共和国境内的票据活动，适用本法。

本法所称票据，是指汇票、本票和支票。

第三条　票据活动应当遵守法律、行政法规，不得损害社会公共利益。

第四条　票据出票人制作票据，应当按照法定条件在票据上签章，并按照所记载的事项承担票据责任。

持票人行使票据权利，应当按照法定程序在票据上签章，并出示票据。

其他票据债务人在票据上签章的，按照票据所记载的事项承担票据责任。

本法所称票据权利，是指持票人向票据债务人请求支付票据金额的权利，包括付款请求权和追索权。

本法所称票据责任，是指票据债务人向持票人支付票据金额的义务。

第五条　票据当事人可以委托其代理人在票据上签章，并应当在票据上表明其代理关系。

没有代理权而以代理人名义在票据上签章的，应当由签章人承担票据责任；代理人超越代理权限的，应当就其超越权限的部分承担票据责任。

第六条　无民事行为能力人或者限制民事行为能力人在票据上签章的，其签章无效，但是不影响其他签章的效力。

第七条　票据上的签章，为签名、盖章或者签名加盖章。

法人和其他使用票据的单位在票据上的签章，为该法人或者该单位的盖章加其法定代表人或者其授权的代理人的签章。

在票据上的签名，应当为该当事人的本名。

第八条　票据金额以中文大写和数码同时记载，二者必须一致，二者不一致的，票据无效。

第九条　票据上的记载事项必须符合本法的规定。

票据金额、日期、收款人名称不得更改，更改的票据无效。

对票据上的其他记载事项，原记载人可以更改，更改时应当由原记载人签章证明。

第十条　票据的签发、取得和转让，应当遵循诚实信用的原则，具有真实的交易关系和债权债务关系。

票据的取得，必须给付对价，即应当给付票据双方当事人认可的相对应的代价。

第十一条　因税收、继承、赠与可以依法无偿取得票据的，不受给付对价的限制。但是，所享有的票据权利不得优于其前手的权利。

前手是指在票据签章人或者持票人之前签章的其他票据债务人。

第十二条　以欺诈、偷盗或者胁迫等手段取得票据的，或者明知有前列情形，出于恶意取得票据的，不得享有票据权利。

持票人因重大过失取得不符合本法规定的票据的，也不得享有票据权利。

第十三条 票据债务人不得以自己与出票人或者与持票人的前手之间的抗辩事由，对抗持票人。但是，持票人明知存在抗辩事由而取得票据的除外。

票据债务人可以对不履行约定义务的与自己有直接债权债务关系的持票人，进行抗辩。

本法所称抗辩，是指票据债务人根据本法规定对票据债权人拒绝履行义务的行为。

第十四条 票据上的记载事项应当真实，不得伪造、变造。伪造、变造票据上的签章和其他记载事项的，应当承担法律责任。

票据上有伪造、变造的签章的，不影响票据上其他真实签章的效力。

票据上其他记载事项被变造的，在变造之前签章的人，对原记载事项负责；在变造之后签章的人，对变造之后的记载事项负责；不能辨别是在票据被变造之前或者之后签章的，视同在变造之前签章。

第十五条 票据丧失，失票人可以及时通知票据的付款人挂失止付，但是，未记载付款人或者无法确定付款人及其代理付款人的票据除外。

收到挂失止付通知的付款人，应当暂停支付。

失票人应当在通知挂失止付后 3 日内，也可以在票据丧失后，依法向人民法院申请公示催告，或者向人民法院提起诉讼。

第十六条 持票人对票据债务人行使票据权利，或者保全票据权利，应当在票据当事人的营业场所和营业时间内进行，票据当事人无营业场所的，应当在其住所进行。

第十七条 票据权利在下列期限内不行使而消灭：

（一）持票人对票据的出票人和承兑人的权利，自票据到期日起 2 年。见票即付的汇票、本票，自出票日起 2 年；

（二）持票人对支票出票人的权利，自出票日起 6 个月；

（三）持票人对前手的追索权，自被拒绝承兑或者被拒绝付款之日起 6 个月；

（四）持票人对前手的再追索权，自清偿日或者被提起诉讼之日起 3 个月。

票据的出票日、到期日由票据当事人依法确定。

第十八条 持票人因超过票据权利时效或者因票据记载事项欠缺而丧失票据权利的，仍享有民事权利，可以请求出票人或者承兑人返还其与未支付的票据金额相当的利益。

第二章　汇　　票

第一节　出　　票

第十九条　汇票是出票人签发的，委托付款人在见票时或者在指定日期无条件支付确定的金额给收款人或者持票人的票据。

汇票分为银行汇票和商业汇票。

第二十条　出票是指出票人签发票据并将其交付给收款人的票据行为。

第二十一条　汇票的出票人必须与付款人具有真实的委托付款关系，并且具有支付汇票金额的可靠资金来源。

不得签发无对价的汇票用以骗取银行或者其他票据当事人的资金。

第二十二条　汇票必须记载下列事项：

（一）表明“汇票”的字样；

（二）无条件支付的委托；

（三）确定的金额；

（四）付款人名称；

（五）收款人名称；

（六）出票日期；

（七）出票人签章。

汇票上未记载前款规定事项之一的，汇票无效。

第二十三条　汇票上记载付款日期、付款地、出票地等事项的，应当清楚、明确。

汇票上未记载付款日期的，为见票即付。

汇票上未记载付款地的，付款人的营业场所、住所或者经常居住地为付款地。

汇票上未记载出票地的，出票人的营业场所、住所或者经常居住地为出票地。

第二十四条　汇票上可以记载本法规定事项以外的其他出票事项，但是该记载事项不具有汇票上的效力。

第二十五条　付款日期可以按照下列形式之一记载：

（一）见票即付；

（二）定日付款；

（三）出票后定期付款；

（四）见票后定期付款。

前款规定的付款日期为汇票到期日。

第二十六条 出票人签发汇票后，即承担保证该汇票承兑和付款的责任。出票人在汇票得不到承兑或者付款时，应当向持票人清偿本法第七十条、第七十一条规定的金额和费用。

第二节 背 书

第二十七条 持票人可以将汇票权利转让给他人或者将一定的汇票权利授予他人行使。

出票人在汇票上记载“不得转让”字样的，汇票不得转让。

持票人行使第一款规定的权利时，应当背书并交付汇票。

背书是指在票据背面或者粘单上记载有关事项并签章的票据行为。

第二十八条 票据凭证不能满足背书人记载事项的需要，可以加附粘单，粘附于票据凭证上。

粘单上的第一记载人，应当在汇票和粘单的粘接处签章。

第二十九条 背书由背书人签章并记载背书日期。

背书未记载日期的，视为在汇票到期日前背书。

第三十条 汇票以背书转让或者以背书将一定的汇票权利授予他人行使时，必须记载被背书人名称。

第三十一条 以背书转让的汇票，背书应当连续。持票人以背书的连续，证明其汇票权利；非经背书转让，而以其他合法方式取得汇票的，依法举证，证明其汇票权利。

前款所称背书连续，是指在票据转让中，转让汇票的背书人与受让汇票的被背书人在汇票上的签章依次前后衔接。

第三十二条 以背书转让的汇票，后手应当对其直接前手背书的真实性负责。

后手是指在票据签章人之后签章的其他票据债务人。

第三十三条 背书不得附有条件。背书时附有条件的，所附条件不具有汇票上的效力。

将汇票金额的一部分转让的背书或者将汇票金额分别转让给两人以上的背书无效。

第三十四条 背书人在汇票上记载“不得转让”字样，其后手再背书转让的，原背书人对后手的被背书人不承担保证责任。

第三十五条 背书记载“委托收款”字样的，被背书人有权代背书人行使被委托的汇票权利。但是，被背书人不得再以背书转让汇票权利。

汇票可以设定质押；质押时应当以背书记载“质押”字样。被背书人依法实现其质权时，可以行使汇票权利。

第三十六条 汇票被拒绝承兑、被拒绝付款或者超过付款提示期限的，不得背书转让；背书转让的，背书人应当承担汇票责任。

第三十七条 背书人以背书转让汇票后，即承担保证其后手所持汇票承兑和付款的责任。背书人在汇票得不到承兑或者付款时，应当向持票人清偿本法第七十条、第七十一条规定的金额和费用。

第三节 承 兑

第三十八条 承兑是指汇票付款人承诺在汇票到期日支付汇票金额的票据行为。

第三十九条 定日付款或者出票后定期付款的汇票，持票人应当在汇票到期日前向付款人提示承兑。

提示承兑是指持票人向付款人出示汇票，并要求付款人承诺付款的行为。

第四十条 见票后定期付款的汇票，持票人应当自出票日起 1 个月内向付款人提示承兑。

汇票未按照规定期限提示承兑的，持票人丧失对其前手的追索权。

见票即付的汇票无需提示承兑。

第四十一条 付款人对向其提示承兑的汇票，应当自收到提示承兑的汇票之日起 3 日内承兑或者拒绝承兑。

付款人收到持票人提示承兑的汇票时，应当向持票人签发收到汇票的回单。回单上应当记明汇票提示承兑日期并签章。

第四十二条 付款人承兑汇票的，应当在汇票正面记载“承兑”字样和承兑日期并签章；见票后定期付款的汇票，应当在承兑时记载付款日期。

汇票上未记载承兑日期的，以前条第一款规定期限的最后一日为承兑日期。

第四十三条 付款人承兑汇票，不得附有条件；承兑附有条件的，视为拒绝承兑。

第四十四条 付款人承兑汇票后，应当承担到期付款的责任。

第四节 保 证

第四十五条 汇票的债务可以由保证人承担保证责任。

保证人由汇票债务人以外的他人担当。

第四十六条 保证人必须在汇票或者粘单上记载下列事项：

（一）表明“保证”的字样；

（二）保证人名称和住所；

（三）被保证人的名称；

（四）保证日期；

（五）保证人签章。

第四十七条 保证人在汇票或者粘单上未记载前条第（三）项的，已承兑的汇票，承兑人为被保证人；未承兑的汇票，出票人为被保证人。

保证人在汇票或者粘单上未记载前条第（四）项的，出票日期为保证日期。

第四十八条 保证不得附有条件；附有条件的，不影响对汇票的保证责任。

第四十九条 保证人对合法取得汇票的持票人所享有的汇票权利，承担保证责任。但是，被保证人的债务因汇票记载事项欠缺而无效的除外。

第五十条 被保证的汇票，保证人应当与被保证人对持票人承担连带责任。汇票到期后得不到付款的，持票人有权向保证人请求付款，保证人应当足额付款。

第五十一条 保证人为两人以上的，保证人之间承担连带责任。

第五十二条 保证人清偿汇票债务后，可以行使持票人对被保证人及其前手的追索权。

第五节 付 款

第五十三条 持票人应当按照下列期限提示付款：

（一）见票即付的汇票，自出票日起1个月内向付款人提示付款；

（二）定日付款、出票后定期付款或者见票后定期付款的汇票，自到期日起10日内向承兑人提示付款。

持票人未按照前款规定期限提示付款的，在作出说明后，承兑人或者付款人仍应当继续对持票人承担付款责任。

通过委托收款银行或者通过票据交换系统向付款人提示付款的，视同持票人提示付款。

第五十四条 持票人依照前条规定提示付款的，付款人必须在当日足额付款。

第五十五条 持票人获得付款的，应当在汇票上签收，并将汇票交给付款人。持票人委托银行收款的，受委托的银行将代收的汇票金额转账收入持票人账户，视同签收。

第五十六条 持票人委托的收款银行的责任,限于按照汇票上记载事项将汇票金额转入持票人账户。

付款人委托的付款银行的责任,限于按照汇票上记载事项从付款人账户支付汇票金额。

第五十七条 付款人及其代理付款人付款时,应当审查汇票背书的连续,并审查提示付款人的合法身份证明或者有效证件。

付款人及其代理付款人以恶意或者有重大过失付款的,应当自行承担责任。

第五十八条 对定日付款、出票后定期付款或者见票后定期付款的汇票,付款人在到期日前付款的,由付款人自行承担所产生的责任。

第五十九条 汇票金额为外币的,按照付款日的市场汇价,以人民币支付。

汇票当事人对汇票支付的货币种类另有约定的,从其约定。

第六十条 付款人依法足额付款后,全体汇票债务人的责任解除。

第六节　追 索 权

第六十一条 汇票到期被拒绝付款的,持票人可以对背书人、出票人以及汇票的其他债务人行使追索权。

汇票到期日前,有下列情形之一的,持票人也可以行使追索权:

(一)汇票被拒绝承兑的;

(二)承兑人或者付款人死亡、逃匿的;

(三)承兑人或者付款人被依法宣告破产的或者因违法被责令终止业务活动的。

第六十二条 持票人行使追索权时,应当提供被拒绝承兑或者被拒绝付款的有关证明。

持票人提示承兑或者提示付款被拒绝的,承兑人或者付款人必须出具拒绝证明,或者出具退票理由书。未出具拒绝证明或者退票理由书的,应当承担由此产生的民事责任。

第六十三条 持票人因承兑人或者付款人死亡、逃匿或者其他原因,不能取得拒绝证明的,可以依法取得其他有关证明。

第六十四条 承兑人或者付款人被人民法院依法宣告破产的,人民法院的有关司法文书具有拒绝证明的效力。

承兑人或者付款人因违法被责令终止业务活动的,有关行政主管部门的处罚决定具有拒绝证明的效力。

第六十五条 持票人不能出示拒绝证明、退票理由书或者未按照规定期限提供其他合法证明的，丧失对其前手的追索权。但是，承兑人或者付款人仍应当对持票人承担责任。

第六十六条 持票人应当自收到被拒绝承兑或者被拒绝付款的有关证明之日起 3 日内，将被拒绝事由书面通知其前手；其前手应当自收到通知之日起 3 日内书面通知其再前手。持票人也可以同时向各汇票债务人发出书面通知。

未按照前款规定期限通知的，持票人仍可以行使追索权。因延期通知给其前手或者出票人造成损失的，由没有按照规定期限通知的汇票当事人，承担对该损失的赔偿责任，但是所赔偿的金额以汇票金额为限。

在规定期限内将通知按照法定地址或者约定的地址邮寄的，视为已经发出通知。

第六十七条 依照前条第一款所作的书面通知，应当记明汇票的主要记载事项，并说明该汇票已被退票。

第六十八条 汇票的出票人、背书人、承兑人和保证人对持票人承担连带责任。

持票人可以不按照汇票债务人的先后顺序，对其中任何一人、数人或者全体行使追索权。

持票人对汇票债务人中的一人或者数人已经进行追索的，对其他汇票债务人仍可以行使追索权。被追索人清偿债务后，与持票人享有同一权利。

第六十九条 持票人为出票人的，对其前手无追索权。持票人为背书人的，对其后手无追索权。

第七十条 持票人行使追索权，可以请求被追索人支付下列金额和费用：

（一）被拒绝付款的汇票金额；

（二）汇票金额自到期日或者提示付款日起至清偿日止，按照中国人民银行规定的利率计算的利息；

（三）取得有关拒绝证明和发出通知书的费用。

被追索人清偿债务时，持票人应当交出汇票和有关拒绝证明，并出具所收到利息和费用的收据。

第七十一条 被追索人依照前条规定清偿后，可以向其他汇票债务人行使再追索权，请求其他汇票债务人支付下列金额和费用：

（一）已清偿的全部金额；

（二）前项金额自清偿日起至再追索清偿日止，按照中国人民银行规定的利率计算的利息；

（三）发出通知书的费用。

行使再追索权的被追索人获得清偿时，应当交出汇票和有关拒绝证明，并出具所收到利息和费用的收据。

第七十二条 被追索人依照前两条规定清偿债务后，其责任解除。

第三章 本 票

第七十三条 本票是出票人签发的，承诺自己在见票时无条件支付确定的金额给收款人或者持票人的票据。

本法所称本票，是指银行本票。

第七十四条 本票的出票人必须具有支付本票金额的可靠资金来源，并保证支付。

第七十五条 本票出票人的资格由中国人民银行审定，具体管理办法由中国人民银行规定。

第七十六条 本票必须记载下列事项：

（一）表明“本票”的字样；

（二）无条件支付的承诺；

（三）确定的金额；

（四）收款人名称；

（五）出票日期；

（六）出票人签章。

本票上未记载前款规定事项之一的，本票无效。

第七十七条 本票上记载付款地、出票地等事项的，应当清楚、明确。

本票上未记载付款地的，出票人的营业场所为付款地。

本票上未记载出票地的，出票人的营业场所为出票地。

第七十八条 本票的出票人在持票人提示见票时，必须承担付款的责任。

第七十九条 本票自出票日起，付款期限最长不得超过2个月。

第八十条 本票的持票人未按照规定期限提示见票的，丧失对出票人以外的前手的追索权。

第八十一条 本票的背书、保证、付款行为和追索权的行使，除本章规定外，适用本法第二章有关汇票的规定。

本票的出票行为，除本章规定外，适用本法第二十四条关于汇票的规定。

第四章　支　　票

第八十二条　支票是出票人签发的，委托办理支票存款业务的银行或者其他金融机构在见票时无条件支付确定的金额给收款人或者持票人的票据。

第八十三条　开立支票存款账户，申请人必须使用其本名，并提交证明其身份的合法证件。

开立支票存款账户和领用支票，应当有可靠的资信，并存入一定的资金。

开立支票存款账户，申请人应当预留其本名的签名式样和印鉴。

第八十四条　支票可以支取现金，也可以转账，用于转账时，应当在支票正面注明。

支票中专门用于支取现金的，可以另行制作现金支票，现金支票只能用于支取现金。

支票中专门用于转账的，可以另行制作转账支票，转账支票只能用于转账，不得支取现金。

第八十五条　支票必须记载下列事项：

（一）表明“支票”的字样；

（二）无条件支付的委托；

（三）确定的金额；

（四）付款人名称；

（五）出票日期；

（六）出票人签章。

支票上未记载前款规定事项之一的，支票无效。

第八十六条　支票上的金额可以由出票人授权补记，未补记前的支票，不得使用。

第八十七条　支票上未记载收款人名称的，经出票人授权，可以补记。

支票上未记载付款地的，付款人的营业场所为付款地。

支票上未记载出票地的，出票人的营业场所、住所或者经常居住地为出票地。

出票人可以在支票上记载自己为收款人。

第八十八条　支票的出票人所签发的支票金额不得超过其付款时在付款人处

实有的存款金额。

出票人签发的支票金额超过其付款时在付款人处实有的存款金额的，为空头支票。禁止签发空头支票。

第八十九条 支票的出票人不得签发与其预留本名的签名式样或者印鉴不符的支票。

第九十条 出票人必须按照签发的支票金额承担保证向该持票人付款的责任。

出票人在付款人处的存款足以支付支票金额时，付款人应当在当日足额付款。

第九十一条 支票限于见票即付，不得另行记载付款日期。另行记载付款日期的，该记载无效。

第九十二条 支票的持票人应当自出票日起 10 日内提示付款；异地使用的支票，其提示付款的期限由中国人民银行另行规定。

超过提示付款期限的，付款人可以不予付款；付款人不予付款的，出票人仍应当对持票人承担票据责任。

第九十三条 付款人依法支付支票金额的，对出票人不再承担受委托付款的责任，对持票人不再承担付款的责任。但是，付款人以恶意或者有重大过失付款的除外。

第九十四条 支票的背书、付款行为和追索权的行使，除本章规定外，适用本法第二章有关汇票的规定。

支票的出票行为，除本章规定外，适用本法第二十四条、第二十六条关于汇票的规定。

第五章 涉外票据的法律适用

第九十五条 涉外票据的法律适用，依照本章的规定确定。

前款所称涉外票据，是指出票、背书、承兑、保证、付款等行为中，既有发生在中华人民共和国境内又有发生在中华人民共和国境外的票据。

第九十六条 中华人民共和国缔结或者参加的国际条约同本法有不同规定的，适用国际条约的规定。但是，中华人民共和国声明保留的条款除外。

本法和中华人民共和国缔结或者参加的国际条约没有规定的，可以适用国际惯例。

第九十七条 票据债务人的民事行为能力，适用其本国法律。

票据债务人的民事行为能力，依照其本国法律为无民事行为能力或者为限制民事行为能力而依照行为地法律为完全民事行为能力的，适用行为地法律。

第九十八条 汇票、本票出票时的记载事项，适用出票地法律。

支票出票时的记载事项，适用出票地法律，经当事人协议，也可以适用付款地法律。

第九十九条 票据的背书、承兑、付款和保证行为，适用行为地法律。

第一百条 票据追索权的行使期限，适用出票地法律。

第一百零一条 票据的提示期限、有关拒绝证明的方式、出具拒绝证明的期限，适用付款地法律。

第一百零二条 票据丧失时，失票人请求保全票据权利的程序，适用付款地法律。

第六章 法律责任

第一百零三条 有下列票据欺诈行为之一的，依法追究刑事责任：

（一）伪造、变造票据的；

（二）故意使用伪造、变造的票据的；

（三）签发空头支票或者故意签发与其预留的本名签名式样或者印鉴不符的支票，骗取财物的；

（四）签发无可靠资金来源的汇票、本票，骗取资金的；

（五）汇票、本票的出票人在出票时作虚假记载，骗取财物的；

（六）冒用他人的票据，或者故意使用过期或者作废的票据，骗取财物的；

（七）付款人同出票人、持票人恶意串通，实施前六项所列行为之一的。

第一百零四条 有前条所列行为之一，情节轻微，不构成犯罪的，依照国家有关规定给予行政处罚。

第一百零五条 金融机构工作人员在票据业务中玩忽职守，对违反本法规定的票据予以承兑、付款或者保证的，给予处分；造成重大损失，构成犯罪的，依法追究刑事责任。

由于金融机构工作人员因前款行为给当事人造成损失的，由该金融机构和直接责任人员依法承担赔偿责任。

第一百零六条 票据的付款人对见票即付或者到期的票据，故意压票，拖延支付的，由金融行政管理部门处以罚款，对直接责任人员给予处分。

票据的付款人故意压票，拖延支付，给持票人造成损失的，依法承担赔偿责任。

第一百零七条 依照本法规定承担赔偿责任以外的其他违反本法规定的行为，给他人造成损失的，应当依法承担民事责任。

第七章 附 则

第一百零八条 本法规定的各项期限的计算，适用民法通则关于计算期间的规定。

按月计算期限的，按到期月的对日计算；无对日的，月末日为到期日。

第一百零九条 汇票、本票、支票的格式应当统一。

票据凭证的格式和印制管理办法，由中国人民银行规定。

第一百一十条 票据管理的具体实施办法，由中国人民银行依照本法制定，报国务院批准后施行。

第一百一十一条 本法自1996年1月1日起施行。

附件 5

最高人民法院关于审理票据纠纷案件若干问题的规定

法释[2000]32 号

颁布时间：2000－2－24　发文单位：最高人民法院

（2000 年 2 月 24 日由最高人民法院审判委员会第 1102 次会议通过，自 2000 年 11 月 21 日起施行）

为了正确适用《中华人民共和国票据法》（以下简称《票据法》），公正、及时审理票据纠纷案件，保护票据当事人的合法权益，维护金融秩序和金融安全，根据《票据法》及其他有关法律的规定，结合审判实践，现对人民法院审理票据纠纷案件的若干问题规定如下：

一、受理和管辖

第一条　因行使票据权利或者《票据法》上的非票据权利而引起的纠纷，人民法院应当依法受理。

第二条　依照《票据法》第十条的规定，票据债务人（即出票人）以在票据未转让时的基础关系违法、双方不具有真实的交易关系和债权债务关系、持票人应付对价而未付对价为由，要求返还票据而提起诉讼的，人民法院应当依法受理。

第三条　依照《票据法》第三十六条的规定，票据被拒绝承兑、被拒绝付款或者汇票、支票超过提示付款期限后，票据持有人背书转让的，被背书人以背书人为被告行使追索权而提起诉讼的，人民法院应当依法受理。

第四条　持票人不先行使付款请求权而先行使追索权遭拒绝提起诉讼的，人民法院不予受理。除有《票据法》第六十一条第二款和本规定第三条所列情形外，持票人只能在首先向付款人行使付款请求权而得不到付款时，才可以行使追索权。

第五条　付款请求权是持票人享有的第一顺序权利，追索权是持票人享有的第二顺序权利，即汇票到期被拒绝付款或者具有《票据法》第六十一条第二款所列情形的，持票人请求背书人、出票人以及汇票的其他债务人支付《票据法》第七十条第一款所列金额和费用的权利。

第六条 因票据权利纠纷提起的诉讼，依法由票据支付地或者被告住所地人民法院管辖。

票据支付地是指票据上载明的付款地，票据上未载明付款地的，汇票付款人或者代理付款人的营业场所、住所或者经常居住地，本票出票人的营业场所，支票付款人或者代理付款人的营业场所所在地为票据付款地。代理付款人即付款人的委托代理人，是指根据付款人的委托代为支付票据金额的银行、信用合作社等金融机构。

第七条 因非票据权利纠纷提起的诉讼，依法由被告住所地人民法院管辖。

二、票据保全

第八条 人民法院在审理、执行票据纠纷案件时，对具有下列情形之一的票据，经当事人申请并提供担保，可以依法采取保全措施或者执行措施：

（一）不履行约定义务，与票据债务人有直接债权债务关系的票据当事人所持有的票据；

（二）持票人恶意取得的票据；

（三）应付对价而未付对价的持票人持有的票据；

（四）记载有“不得转让”字样而用于贴现的票据；

（五）记载有“不得转让”字样而用于质押的票据；

（六）法律或者司法解释规定有其他情形的票据。

三、举证责任

第九条 票据诉讼的举证责任由提出主张的一方当事人承担。

依照《票据法》第四条第二款、第十条、第十二条、第二十一条的规定，向人民法院提起诉讼的持票人有责任提供诉争票据。该票据的出票、承兑、交付、背书转让涉嫌欺诈、偷盗、胁迫、恐吓、暴力等非法行为的，持票人对持票的合法性应当负责举证。

第十条 票据债务人依照《票据法》第十三条的规定，对与其有直接债权债务关系的持票人提出抗辩，人民法院合并审理票据关系和基础关系的，持票人应当提供相应的证据证明已经履行了约定义务。

第十一条 付款人或者承兑人被人民法院依法宣告破产的，持票人因行使追索权而向人民法院提起诉讼时，应当向受理法院提供人民法院依法作出的宣告破产裁定书或者能够证明付款人或者承兑人破产的其他证据。

第十二条 在票据诉讼中，负有举证责任的票据当事人应当在一审人民法院法庭辩论结束以前提供证据。因客观原因不能在上述举证期限以内提供的，应当在举证期限届满以前向人民法院申请延期。延长的期限由人民法院根据案件的具体情况决定。

票据当事人在一审人民法院审理期间隐匿票据、故意有证不举，应当承担相应的诉讼后果。

四、票据权利及抗辩

第十三条 《票据法》第十七条第一款第（一）、（二）项规定的持票人对票据的出票人和承兑人的权利，包括付款请求权和追索权。

第十四条 票据债务人以《票据法》第十条、第二十一条的规定为由，对业经背书转让票据的持票人进行抗辩的，人民法院不予支持。

第十五条 票据债务人依照《票据法》第十二条、第十三条的规定，对持票人提出下列抗辩的，人民法院应予支持：

（一）与票据债务人有直接债权债务关系并且不履行约定义务的；

（二）以欺诈、偷盗或者胁迫等非法手段取得票据，或者明知有前列情形，出于恶意取得票据的；

（三）明知票据债务人与出票人或者与持票人的前手之间存在抗辩事由而取得票据的；

（四）因重大过失取得票据的；

（五）其他依法不得享有票据权利的。

第十六条 票据债务人依照《票据法》第九条、第十七条、第十八条、第二十二条和第三十一条的规定，对持票人提出下列抗辩的，人民法院应予支持：

（一）欠缺法定必要记载事项或者不符合法定格式的；

（二）超过票据权利时效的；

（三）人民法院作出的除权判决已经发生法律效力的；

（四）以背书方式取得但背书不连续的；

（五）其他依法不得享有票据权利的。

第十七条 票据出票人或者背书人被宣告破产的，而付款人或者承兑人不知其事实而付款或者承兑，因此所产生的追索权可以登记为破产债权，付款人或者承兑人为债权人。

第十八条 《票据法》第十七条第一款第（三）、（四）项规定的持票人对前手的追索权，不包括对票据出票人的追索权。

第十九条 《票据法》第四十条第二款和第六十五条规定的持票人丧失对其前手的追索权，不包括对票据出票人的追索权。

第二十条 《票据法》第十七条规定的票据权利时效发生中断的，只对发生时效中断事由的当事人有效。

第二十一条 《票据法》第六十六条第一款规定的书面通知是否逾期，以持票人或者其前手发出书面通知之日为准；以信函通知的，以信函投寄邮戳记载之日为准。

第二十二条 《票据法》第七十条、第七十一条所称中国人民银行规定的利率，是指中国人民银行规定的企业同期流动资金贷款利率。

第二十三条 代理付款人在人民法院公示催告公告发布以前按照规定程序善意付款后，承兑人或者付款人以已经公示催告为由拒付代理付款人已经垫付的款项的，人民法院不予支持。

五、失票救济

第二十四条 票据丧失后，失票人直接向人民法院申请公示催告或者提起诉讼的，人民法院应当依法受理。

第二十五条 出票人已经签章的授权补记的支票丧失后，失票人依法向人民法院申请公示催告的，人民法院应当依法受理。

第二十六条 《票据法》第十五条第三款规定的可以申请公示催告的失票人，是指按照规定可以背书转让的票据在丧失票据占有以前的最后合法持票人。

第二十七条 出票人已经签章但未记载代理付款人的银行汇票丧失后，失票人依法向付款人即出票银行所在地人民法院申请公示催告的，人民法院应当依法受理。

第二十八条 超过付款提示期限的票据丧失以后，失票人申请公示催告的，人民法院应当依法受理。

第二十九条 失票人通知票据付款人挂失止付后三日内向人民法院申请公示

催告的，公示催告申请书应当载明下列内容：

（一）票面金额；

（二）出票人、持票人、背书人；

（三）申请的理由、事实；

（四）通知票据付款人或者代理付款人挂失止付的时间；

（五）付款人或者代理付款人的名称、通信地址、电话号码等。

第三十条 人民法院决定受理公示催告申请，应当同时通知付款人及代理付款人停止支付，并自立案之日起三日内发出公告。

第三十一条 付款人或者代理付款人收到人民法院发出的止付通知，应当立即停止支付，直至公示催告程序终结。非经发出止付通知的人民法院许可擅自解付的，不得免除票据责任。

第三十二条 人民法院决定受理公示催告申请后发布的公告应当在全国性的报刊上登载。

第三十三条 依照《中华人民共和国民事诉讼法》（以下简称民事诉讼法）第一百九十四条的规定，公示催告的期间，国内票据自公告发布之日起六十日，涉外票据可根据具体情况适当延长，但最长不得超过九十日。

第三十四条 依照民事诉讼法第一百九十五条第二款的规定，在公示催告期间，以公示催告的票据质押、贴现，因质押、贴现而接受该票据的持票人主张票据权利的，人民法院不予支持，但公示催告期间届满以后人民法院作出除权判决以前取得该票据的除外。

第三十五条 票据丧失后，失票人在票据权利时效届满以前请求出票人补发票据，或者请求债务人付款，在提供相应担保的情况下因债务人拒绝付款或者出票人拒绝补发票据提起诉讼的，由被告住所地或者票据支付地人民法院管辖。

第三十六条 失票人因请求出票人补发票据或者请求债务人付款遭到拒绝而向人民法院提起诉讼的，被告为与失票人具有票据债权债务关系的出票人、拒绝付款的票据付款人或者承兑人。

第三十七条 失票人为行使票据所有权，向非法持有票据人请求返还票据的，人民法院应当依法受理。

第三十八条 失票人向人民法院提起诉讼的，除向人民法院说明曾经持有票据及丧失票据的情形外，还应当提供担保。担保的数额相当于票据载明的金额。

第三十九条 对于伪报票据丧失的当事人，人民法院在查明事实，裁定终结公示催告或者诉讼程序后，可以参照民事诉讼法第一百零二条的规定，追究伪报人的法律责任。

六、票据效力

第四十条 依照《票据法》第一百零九条以及经国务院批准的《票据管理实施办法》的规定，票据当事人使用的不是中国人民银行规定的统一格式票据的，按照《票据管理实施办法》的规定认定，但在中国境外签发的票据除外。

第四十一条 票据出票人在票据上的签章上不符合《票据法》以及下述规定的，该签章不具有《票据法》上的效力：

（一）商业汇票上的出票人的签章，为该法人或者该单位的财务专用章或者公章加其法定代表人、单位负责人或者其授权的代理人的签名或者盖章；

（二）银行汇票上的出票人的签章和银行承兑汇票的承兑人的签章，为该银行汇票专用章加其法定代表人或者其授权的代理人的签名或者盖章；

（三）银行本票上的出票人的签章，为该银行的本票专用章加其法定代表人或者其授权的代理人的签名或者盖章；

（四）支票上的出票人的签章，出票人为单位的，为与该单位在银行预留签章一致的财务专用章或者公章加其法定代表人或者其授权的代理人的签名或者盖章；出票人为个人的，为与该个人在银行预留签章一致的签名或者盖章。

第四十二条 银行汇票、银行本票的出票人以及银行承兑汇票的承兑人在票据上未加盖规定的专用章而加盖该银行的公章，支票的出票人在票据上未加盖与该单位在银行预留签章一致的财务专用章而加盖该出票人公章的，签章人应当承担票据责任。

第四十三条 依照《票据法》第九条以及《票据管理实施办法》的规定，票据金额的中文大写与数码不一致，或者票据载明的金额、出票日期或者签发日期、收款人名称更改，或者违反规定加盖银行部门印章代替专用章，付款人或者代理付款人对此类票据付款的，应当承担责任。

第四十四条 因更改银行汇票的实际结算金额引起纠纷而提起诉讼，当事人请求认定汇票效力的，人民法院应当认定该银行汇票无效。

第四十五条 空白授权票据的持票人行使票据权利时未对票据必须记载事项补充完全，因付款人或者代理付款人拒绝接收该票据而提起诉讼的，人民法院不予支持。

第四十六条 票据的背书人、承兑人、保证人在票据上的签章不符合《票据法》以及《票据管理实施办法》规定的，或者无民事行为能力人、限制民事行为能力人在票据上签章的，其签章无效，但不影响人民法院对票据上其他签章效力的认定。

七、票据背书

第四十七条 因票据质权人以质押票据再行背书质押或者背书转让引起纠纷而提起诉讼的，人民法院应当认定背书行为无效。

第四十八条 依照《票据法》第二十七条的规定，票据的出票人在票据上记载"不得转让"字样，票据持有人背书转让的，背书行为无效。背书转让后的受让人不得享有票据权利，票据的出票人、承兑人对受让人不承担票据责任。

第四十九条 依照《票据法》第二十七条和第三十条的规定，背书人未记载被背书人名称即将票据交付他人的，持票人在票据被背书人栏内记载自己的名称与背书人记载具有同等法律效力。

第五十条 依照《票据法》第三十一条的规定，连续背书的第一背书人应当是在票据上记载的收款人，最后的票据持有人应当是最后一次背书的被背书人。

第五十一条 依照《票据法》第三十四条和第三十五条的规定，背书人在票据上记载"不得转让"、"委托收款"、"质押"字样，其后手再背书转让、委托收款或者质押的，原背书人对后手的被背书人不承担票据责任，但不影响出票人、承兑人以及原背书人之前手的票据责任。

第五十二条 依照《票据法》第五十七条第二款的规定，贷款人恶意或者有重大过失从事票据质押贷款的，人民法院应当认定质押行为无效。

第五十三条 依照《票据法》第二十七条的规定，出票人在票据上记载"不得转让"字样，其后手以此票据进行贴现、质押的，通过贴现、质押取得票据的持票人主张票据权利的，人民法院不予支持。

第五十四条 依照《票据法》第三十四条和第三十五条的规定，背书人在票据上记载"不得转让"字样，其后手以此票据进行贴现、质押的，原背书人对后手的被背书人不承担票据责任。

第五十五条 依照《票据法》第三十五条第二款的规定，以汇票设定质押时，出质人在汇票上只记载了"质押"字样未在票据上签章的，或者出质人未在汇票、粘单上记载"质押"字样而另行签订质押合同、质押条款的，不构成票据质押。

第五十六条 商业汇票的持票人向其非开户银行申请贴现，与向自己开立存款账户的银行申请贴现具有同等法律效力。但是,持票人有恶意或者与贴现银行恶意串通的除外。

第五十七条 违反规定区域出票,背书转让银行汇票,或者违反票据管理规定跨越票据交换区域出票、背书转让银行本票、支票的,不影响出票人、背书人依法应当承担的票据责任。

第五十八条 依照《票据法》第三十六条的规定,票据被拒绝承兑、被拒绝付款或者超过提示付款期限,票据持有人背书转让的,背书人应当承担票据责任。

第五十九条 承兑人或者付款人依照《票据法》第五十三条第二款的规定对逾期提示付款的持票人付款与按照规定的期限付款具有同等法律效力。

八、票据保证

第六十条 国家机关、以公益为目的的事业单位、社会团体、企业法人的分支机构和职能部门作为票据保证人的,票据保证无效,但经国务院批准为使用外国政府或者国际经济组织贷款进行转贷,国家机关提供票据保证的,以及企业法人的分支机构在法人书面授权范围内提供票据保证的除外。

第六十一条 票据保证无效的,票据的保证人应当承担与其过错相应的民事责任。

第六十二条 保证人未在票据或者粘单上记载"保证"字样而另行签订保证合同或者保证条款的,不属于票据保证,人民法院应当适用《中华人民共和国担保法》的有关规定。

九、法律适用

第六十三条 人民法院审理票据纠纷案件,适用《票据法》的规定;《票据法》没有规定的,适用《中华人民共和国民法通则》、《中华人民共和国合同法》、《中华人民共和国担保法》等民商事法律以及国务院制定的行政法规。

中国人民银行制定并公布施行的有关行政规章与法律、行政法规不抵触的,可以参照适用。

第六十四条 票据当事人因对金融行政管理部门的具体行政行为不服提起诉讼的,适用《中华人民共和国行政处罚法》、《票据法》以及《票据管理实施办法》等有关票据管理的规定。

中国人民银行制定并公布施行的有关行政规章与法律、行政法规不抵触的,可以参照适用。

第六十五条 人民法院对《票据法》施行以前已经作出终审裁决的票据纠纷案件进行再审，不适用《票据法》。

十、法律责任

第六十六条 具有下列情形之一的票据，未经背书转让的，票据债务人不承担票据责任；已经背书转让的，票据无效不影响其他真实签章的效力：

（一）出票人签章不真实的；

（二）出票人为无民事行为能力人的；

（三）出票人为限制民事行为能力人的。

第六十七条 依照《票据法》第十四条、第一百零三条、第一百零四条的规定，伪造、变造票据者除应当依法承担刑事、行政责任外，给他人造成损失的，还应当承担民事赔偿责任。被伪造签章者不承担票据责任。

第六十八条 对票据未记载事项或者未完全记载事项作补充记载，补充事项超出授权范围的，出票人对补充后的票据应当承担票据责任。给他人造成损失的，出票人还应当承担相应的民事责任。

第六十九条 付款人或者代理付款人未能识别出伪造、变造的票据或者身份证件而错误付款，属于《票据法》第五十七条规定的“重大过失”，给持票人造成损失的，应当依法承担民事责任。付款人或者代理付款人承担责任后有权向伪造者、变造者依法追偿。

持票人有过错的，也应当承担相应的民事责任。

第七十条 付款人及其代理付款人有下列情形之一的，应当自行承担责任：

（一）未依照《票据法》第五十七条的规定对提示付款人的合法身份证明或者有效证件以及汇票背书的连续性履行审查义务而错误付款的；

（二）公示催告期间对公示催告的票据付款的；

（三）收到人民法院的止付通知后付款的；

（四）其他以恶意或者重大过失付款的。

第七十一条 《票据法》第六十三条所称“其他有关证明”是指：

（一）人民法院出具的宣告承兑人、付款人失踪或者死亡的证明、法律文书；

（二）公安机关出具的承兑人、付款人逃匿或者下落不明的证明；

（三）医院或者有关单位出具的承兑人、付款人死亡的证明；

（四）公证机构出具的具有拒绝证明效力的文书。

第七十二条 当事人因申请票据保全错误而给他人造成损失的，应当依法承担民事责任。

第七十三条 因出票人签发空头支票、与其预留本名的签名式样或者印鉴不符的支票给他人造成损失的，支票的出票人和背书人应当依法承担民事责任。

第七十四条 人民法院在审理票据纠纷案件时，发现与本案有牵连但不属同一法律关系的票据欺诈犯罪嫌疑线索的，应当及时将犯罪嫌疑线索提供给有关公安机关，但票据纠纷案件不应因此而中止审理。

第七十五条 依照《票据法》第一百零五条的规定，由于金融机构工作人员在票据业务中玩忽职守，对违反《票据法》规定的票据予以承兑、付款、贴现或者保证，给当事人造成损失的，由该金融机构与直接责任人员依法承担连带责任。

第七十六条 依照《票据法》第一百零七条的规定，由于出票人制作票据，或者其他票据债务人未按照法定条件在票据上签章，给他人造成损失的，除应当按照所记载事项承担票据责任外，还应当承担相应的民事责任。

持票人明知或者应当知道前款情形而接受的，可以适当减轻出票人或者票据债务人的责任。

二〇〇〇年十一月十四日

附件 6

支付结算办法

1997 年 9 月 19 日　　　　中国人民银行

第一章　总　　则

第一条　为了规范支付结算行为，保障支付结算活动中当事人的合法权益，加速资金周转和商品流通，促进社会主义市场经济的发展，依据《中华人民共和国票据法》(以下简称《票据法》)和《票据管理实施办法》以及有关法律、行政法规，制定本办法。

第二条　中华人民共和国境内人民币的支付结算适用本办法，但中国人民银行另有规定的除外。

第三条　本办法所称支付结算是指单位、个人在社会经济活动中使用票据、信用卡和汇兑、托收承付、委托收款等结算方式进行货币给付及其资金清算的行为。

第四条　支付结算工作的任务，是根据经济往来组织支付结算，准确、及时、安全办理支付结算，按照有关法律、行政法规和本办法的规定管理支付结算，保障支付结算活动的正常进行。

第五条　银行、城市信用合作社、农村信用合作社(以下简称银行)以及单位和个人(含个体工商户)，办理支付结算必须遵守国家的法律、行政法规和本办法的各项规定，不得损害社会公共利益。

第六条　银行是支付结算和资金清算的中介机构。未经中国人民银行批准的非银行金融机构和其他单位不得作为中介机构经营支付结算业务。但法律、行政法规另有规定的除外。

第七条　单位、个人和银行应当按照《银行账户管理办法》的规定开立、使用账户。

第八条　在银行开立存款账户的单位和个人办理支付结算，账户内须有足够的资金保证支付，本办法另有规定的除外。没有开立存款账户的个人向银行交付款项后，也可以通过银行办理支付结算。

第九条 票据和结算凭证是办理支付结算的工具。单位、个人和银行办理支付结算，必须使用按中国人民银行统一规定印制的票据凭证和统一规定的结算凭证。

未使用按中国人民银行统一规定印制的票据，票据无效；未使用中国人民银行统一规定格式的结算凭证，银行不予受理。

第十条 单位、个人和银行签发票据、填写结算凭证，应按照本办法和附一《正确填写票据和结算凭证的基本规定》记载，单位和银行的名称应当记载全称或者规范化简称。

第十一条 票据和结算凭证上的签章，为签名、盖章或者签名加盖章。

单位、银行在票据上的签章和单位在结算凭证上的签章，为该单位、银行的盖章加其法定代表人或其授权的代理人的签名或盖章。

个人在票据和结算凭证上的签章，应为该个人本名的签名或盖章。

第十二条 票据和结算凭证的金额、出票或签发日期、收款人名称不得更改，更改的票据无效；更改的结算凭证，银行不予受理。

对票据和结算凭证上的其他记载事项，原记载人可以更改，更改时应当由原记载人在更改处签章证明。

第十三条 票据和结算凭证金额以中文大写和阿拉伯数码同时记载，二者必须一致，二者不一致的票据无效；二者不一致的结算凭证，银行不予受理。

少数民族地区和外国驻华使领馆根据实际需要，金额大写可以使用少数民族文字或者外国文字记载。

第十四条 票据和结算凭证上的签章和其他记载事项应当真实，不得伪造、变造。

票据上有伪造、变造的签章的，不影响票据上其他当事人真实签章的效力。

本条所称的伪造是指无权限人假冒他人或虚构人名义签章的行为。签章的变造属于伪造。

本条所称的变造是指无权更改票据内容的人，对票据上签章以外的记载事项加以改变的行为。

第十五条 办理支付结算需要交验的个人有效身份证件是指居民身份证、军官证、警官证、文职干部证、士兵证、户口簿、护照、港澳台同胞回乡证等符合法律、行政法规以及国家有关规定的身份证件。

第十六条 单位、个人和银行办理支付结算必须遵守下列原则：

一、恪守信用,履约付款;

二、谁的钱进谁的账,由谁支配;

三、银行不垫款。

第十七条 银行以善意且符合规定和正常操作程序审查,对伪造、变造的票据和结算凭证上的签章以及需要交验的个人有效身份证件,未发现异常而支付金额的,对出票人或付款人不再承担受委托付款的责任,对持票人或收款人不再承担付款的责任。

第十八条 依法背书转让的票据,任何单位和个人不得冻结票据款项。但是法律另有规定的除外。

第十九条 银行依法为单位、个人在银行开立的基本存款账户、一般存款账户、专用存款账户和临时存款账户的存款保密,维护其资金的自主支配权。对单位、个人在银行开立上述存款账户的存款,除国家法律、行政法规另有规定外,银行不得为任何单位或者个人查询;除国家法律另有规定外,银行不代任何单位或者个人冻结、扣款,不得停止单位、个人存款的正常支付。

第二十条 支付结算实行集中统一和分级管理相结合的管理体制。

中国人民银行总行负责制定统一的支付结算制度,组织、协调、管理、监督全国的支付结算工作,调解、处理银行之间的支付结算纠纷。

中国人民银行省、自治区、直辖市分行根据统一的支付结算制度制定实施细则,报总行备案;根据需要可以制定单项支付结算办法,报经中国人民银行总行批准后执行。中国人民银行分、支行负责组织、协调、管理、监督本辖区的支付结算工作,调解、处理本辖区银行之间的支付结算纠纷。

政策性银行、商业银行总行可以根据统一的支付结算制度,结合本行情况,制定具体管理实施办法,报经中国人民银行总行批准后执行。政策性银行、商业银行负责组织、管理、协调本行内的支付结算工作,调解、处理本行内分支机构之间的支付结算纠纷。

第二章 票 据

第一节 基本规定

第二十一条 本办法所称票据,是指银行汇票、商业汇票、银行本票和支票。

第二十二条 票据的签发、取得和转让,必须具有真实的交易关系和债权债务关系。

票据的取得，必须给付对价。但因税收、继承、赠与可以依法无偿取得票据的，不受给付对价的限制。

第二十三条 银行汇票的出票人在票据上的签章，应为经中国人民银行批准使用的该银行汇票专用章加其法定代表人或其授权经办人的签名或者盖章。银行承兑商业汇票、办理商业汇票转贴现、再贴现时的签章，应为经中国人民银行批准使用的该银行汇票专用章加其法定代表人或其授权经办人的签名或者盖章。银行本票的出票人在票据上的签章，应为经中国人民银行批准使用的该银行本票专用章加其法定代表人或其授权经办人的签名或者盖章。

单位在票据上的签章，应为该单位的财务专用章或者公章加其法定代表人或其授权的代理人的签名或者盖章。个人在票据上的签章，应为该个人的签名或者盖章。

支票的出票人和商业承兑汇票的承兑人在票据上的签章，应为其预留银行的签章。

第二十四条 出票人在票据上的签章不符合《票据法》、《票据管理实施办法》和本办法规定的，票据无效；承兑人、保证人在票据上的签章不符合《票据法》、《票据管理实施办法》和本办法规定的，其签章无效，但不影响其他符合规定签章的效力；背书人在票据上的签章不符合《票据法》、《票据管理实施办法》和本办法规定的，其签章无效，但不影响其前手符合规定签章的效力。

第二十五条 出票人在票据上的记载事项必须符合《票据法》、《票据管理实施办法》和本办法的规定。票据上可以记载《票据法》和本办法规定事项以外的其他出票事项，但是该记载事项不具有票据上的效力，银行不负审查责任。

第二十六条 区域性银行汇票仅限于出票人向本区域内的收款人出票，银行本票和支票仅限于出票人向其票据交换区域内的收款人出票。

第二十七条 票据可以背书转让，但填明“现金”字样的银行汇票、银行本票和用于支取现金的支票不得背书转让。

区域性银行汇票仅限于在本区域内背书转让。银行本票、支票仅限于在其票据交换区域内背书转让。

第二十八条 区域性银行汇票和银行本票、支票出票人向规定区域以外的收款人出票的，背书人向规定区域以外的被背书人转让票据的，区域外的银行不予受理，但出票人、背书人仍应承担票据责任。

第二十九条 票据背书转让时，由背书人在票据背面签章、记载被背书人名称和背书日期。背书未记载日期的，视为在票据到期日前背书。

持票人委托银行收款或以票据质押的，除按上款规定记载背书外，还应在背书人栏记载“委托收款”或“质押”字样。

第三十条 票据出票人在票据正面记载“不得转让”字样的，票据不得转让；其直接后手再背书转让的，出票人对其直接后手的被背书人不承担保证责任，对被背书人提示付款或委托收款的票据，银行不予受理。

票据背书人在票据背面背书人栏记载“不得转让”字样的，其后手再背书转让的，记载“不得转让”字样的背书人对其后手的被背书人不承担保证责任。

第三十一条 票据被拒绝承兑、拒绝付款或者超过付款提示期限的，不得背书转让。背书转让的，背书人应当承担票据责任。

第三十二条 背书不得附有条件。背书附有条件的，所附条件不具有票据上的效力。

第三十三条 以背书转让的票据，背书应当连续。持票人以背书的连续，证明其票据权利。非经背书转让，而以其他合法方式取得票据的，依法举证，证明其票据权利。

背书连续，是指票据第一次背书转让的背书人是票据上记载的收款人，前次背书转让的被背书人是后一次背书转让的背书人，依次前后衔接，最后一次背书转让的被背书人是票据的最后持票人。

第三十四条 票据的背书人应当在票据背面的背书栏依次背书。背书栏不敷背书的，可以使用统一格式的粘单，粘附于票据凭证上规定的粘接处。粘单上的第一记载人，应当在票据和粘单的粘接处签章。

第三十五条 银行汇票、商业汇票和银行本票的债务可以依法由保证人承担保证责任。

保证人必须按照《票据法》的规定在票据上记载保证事项。保证人为出票人、承兑人保证的，应将保证事项记载在票据的正面；保证人为背书人保证的，应将保证事项记载在票据的背面或粘单上。

第三十六条 商业汇票的持票人超过规定期限提示付款的，丧失对其前手的追索权，持票人在作出说明后，仍可以向承兑人请求付款。

银行汇票、银行本票的持票人超过规定期限提示付款的，丧失对出票人以外的前手的追索权，持票人在作出说明后，仍可以向出票人请求付款。

支票的持票人超过规定的期限提示付款的，丧失对出票人以外的前手的追索权。

第三十七条 通过委托收款银行或者通过票据交换系统向付款人或代理付款人提示付款的，视同持票人提示付款；其提示付款日期以持票人向开户银行提交票据日为准。

付款人或代理付款人应于见票当日足额付款。

本条所称“代理付款人”是指根据付款人的委托，代理其支付票据金额的银行。

第三十八条 票据债务人对下列情况的持票人可以拒绝付款：

（一）对不履行约定义务的与自己有直接债权债务关系的持票人；

（二）以欺诈、偷盗或者胁迫等手段取得票据的持票人；

（三）对明知有欺诈、偷盗或者胁迫等情形，出于恶意取得票据的持票人；

（四）明知债务人与出票人或者持票人的前手之间存在抗辩事由而取得票据的持票人；

（五）因重大过失取得不符合《票据法》规定的票据的持票人；

（六）对取得背书不连续票据的持票人；

（七）符合《票据法》规定的其他抗辩事由。

第三十九条 票据债务人对下列情况不得拒绝付款：

（一）与出票人之间有抗辩事由；

（二）与持票人的前手之间有抗辩事由。

第四十条 票据到期被拒绝付款或者在到期前被拒绝承兑，承兑人或付款人死亡、逃匿的，承兑人或付款人被依法宣告破产的或者因违法被责令终止业务活动的，持票人可以对背书人、出票人以及票据的其他债务人行使追索权。

持票人行使追索权，应当提供被拒绝承兑或者被拒绝付款的拒绝证明或者退票理由书以及其他有关证明。

第四十一条 本办法所称“拒绝证明”应当包括下列事项：

（一）被拒绝承兑、付款的票据种类及其主要记载事项；

（二）拒绝承兑、付款的事实依据和法律依据；

（三）拒绝承兑、付款的时间；

（四）拒绝承兑人、拒绝付款人的签章。

第四十二条 本办法所称退票理由书应当包括下列事项：

（一）所退票据的种类；

（二）退票的事实依据和法律依据；

（三）退票时间；

（四）退票人签章。

第四十三条 本办法所称的其他证明是指：

（一）医院或者有关单位出具的承兑人、付款人死亡证明；

（二）司法机关出具的承兑人、付款人逃匿的证明；

（三）公证机关出具的具有拒绝证明效力的文书。

第四十四条 持票人应当自收到被拒绝承兑或者被拒绝付款的有关证明之日起3日内，将被拒绝事由书面通知其前手；其前手应当自收到通知之日起3日内书面通知其再前手。持票人也可以同时向各票据债务人发出书面通知。

未按照前款规定期限通知的，持票人仍可以行使追索权。

第四十五条 持票人可以不按照票据债务人的先后顺序，对其中任何一人、数人或者全体行使追索权。

持票人对票据债务人中的一人或者数人已经进行追索的，对其他票据债务人仍可以行使追索权。被追索人清偿债务后，与持票人享有同一权利。

第四十六条 持票人行使追索权，可以请求被追索人支付下列金额和费用：

（一）被拒绝付款的票据金额；

（二）票据金额自到期日或者提示付款日起至清偿日止按照中国人民银行规定的同档次流动资金贷款利率计算的利息；

（三）取得有关拒绝证明和发出通知书的费用。

被追索人清偿债务时，持票人应当交出票据和有关拒绝证明，并出具所收到利息和费用的收据。

第四十七条 被追索人依照前条规定清偿后，可以向其他票据债务人行使再追索权，请求其他票据债务人支付下列金额和费用：

（一）已清偿的全部金额；

（二）前项金额自清偿日起至再追索清偿日止，按照中国人民银行规定的同档次流动资金贷款利率计算的利息；

（三）发出通知书的费用。

行使再追索权的被追索人获得清偿时，应当交出票据和有关拒绝证明，并出具所收到利息和费用的收据。

第四十八条 已承兑的商业汇票、支票、填明“现金”字样和代理付款人的银行汇票以及填明“现金”字样的银行本票丧失，可以由失票人通知付款人或者代理付款人挂失止付。

未填明“现金”字样和代理付款人的银行汇票以及未填明“现金”字样的银行本票丧失，不得挂失止付。

第四十九条 允许挂失止付的票据丧失，失票人需要挂失止付的，应填写挂失止付通知书并签章。挂失止付通知书应当记载下列事项：

（一）票据丧失的时间、地点、原因；

（二）票据的种类、号码、金额、出票日期、付款日期、付款人名称、收款人名称；

（三）挂失止付人的姓名、营业场所或者住所以及联系方法。

欠缺上述记载事项之一的，银行不予受理。

第五十条 付款人或者代理付款人收到挂失止付通知书后，查明挂失票据确未付款时，应立即暂停支付。付款人或者代理付款人自收到挂失止付通知书之日起 12 日内没有收到人民法院的止付通知书的，自第 13 日起，持票人提示付款并依法向持票人付款的，不再承担责任。

第五十一条 付款人或者代理付款人在收到挂失止付通知书之前，已经向持票人付款的，不再承担责任。但是，付款人或者代理付款人以恶意或者重大过失付款的除外。

第五十二条 银行汇票的付款地为代理付款人或出票人所在地，银行本票的付款地为出票人所在地，商业汇票的付款地为承兑人所在地，支票的付款地为付款人所在地。

第二节 银行汇票

第五十三条 银行汇票是出票银行签发的，由其在见票时按照实际结算金额无条件支付给收款人或者持票人的票据。

银行汇票的出票银行为银行汇票的付款人。

第五十四条 单位和个人各种款项结算，均可使用银行汇票。

银行汇票可以用于转账，填明“现金”字样的银行汇票也可以用于支取现金。

第五十五条 银行汇票的出票和付款，全国范围限于中国人民银行和各商业银行参加“全国联行往来”的银行机构办理。跨系统银行签发的转账银行汇票的付款，应通过同城票据交换将银行汇票和解讫通知提交给同城的有关银行审核支付后抵用。代理付款人不得受理未在本行开立存款账户的持票人为单位直接提交的银行汇票。省、自治区、直辖市内和跨省、市的经济区域内银行汇票的出票和付款，按照有关规定办理。

银行汇票的代理付款人是代理本系统出票银行或跨系统签约银行审核支付汇票款项的银行。

第五十六条 签发银行汇票必须记载下列事项：

（一）表明"银行汇票"的字样；

（二）无条件支付的承诺；

（三）出票金额；

（四）付款人名称；

（五）收款人名称；

（六）出票日期；

（七）出票人签章。

欠缺记载上列事项之一的，银行汇票无效。

第五十七条 银行汇票的提示付款期限自出票日起1个月。

持票人超过付款期限提示付款的，代理付款人不予受理。

第五十八条 申请人使用银行汇票，应向出票银行填写"银行汇票申请书"，填明收款人名称、汇票金额、申请人名称、申请日期等事项并签章，签章为其预留银行的签章。

申请人和收款人均为个人，需要使用银行汇票向代理付款人支取现金的，申请人须在"银行汇票申请书"上填明代理付款人名称，在"汇票金额"栏先填写"现金"字样，后填写汇票金额。

申请人或者收款人为单位的，不得在"银行汇票申请书"上填明"现金"字样。

第五十九条 出票银行受理银行汇票申请书，收妥款项后签发银行汇票，并用压数机压印出票金额，将银行汇票和解讫通知一并交给申请人。

签发转账银行汇票，不得填写代理付款人名称，但由人民银行代理兑付银行汇票的商业银行，向设有分支机构地区签发转账银行汇票的除外。

签发现金银行汇票，申请人和收款人必须均为个人，收妥申请人交存的现金后，在银行汇票"出票金额"栏先填写"现金"字样，后填写出票金额，并填写代理付款人名称。申请人或者收款人为单位的，银行不得为其签发现金银行汇票。

第六十条 申请人应将银行汇票和解讫通知一并交付给汇票上记明的收款人。

收款人受理银行汇票时，应审查下列事项：

（一）银行汇票和解讫通知是否齐全、汇票号码和记载的内容是否一致；

（二）收款人是否确为本单位或本人；

（三）银行汇票是否在提示付款期限内；

（四）必须记载的事项是否齐全；

（五）出票人签章是否符合规定，是否有压数机压印的出票金额，并与大写出票金额一致；

（六）出票金额、出票日期、收款人名称是否更改，更改的其他记载事项是否由原记载人签章证明。

第六十一条 收款人受理申请人交付的银行汇票时，应在出票金额以内，根据实际需要的款项办理结算，并将实际结算金额和多余金额准确、清晰地填入银行汇票和解讫通知的有关栏内。未填明实际结算金额和多余金额或实际结算金额超过出票金额的，银行不予受理。

第六十二条 银行汇票的实际结算金额不得更改，更改实际结算金额的银行汇票无效。

第六十三条 收款人可以将银行汇票背书转让给被背书人。

银行汇票的背书转让以不超过出票金额的实际结算金额为准。未填写实际结算金额或实际结算金额超过出票金额的银行汇票不得背书转让。

第六十四条 被背书人受理银行汇票时，除按照第六十条的规定审查外，还应审查下列事项：

（一）银行汇票是否记载实际结算金额，有无更改，其金额是否超过出票金额；

（二）背书是否连续，背书人签章是否符合规定，背书使用粘单的是否按规定签章；

（三）背书人为个人的身份证件。

第六十五条 持票人向银行提示付款时，必须同时提交银行汇票和解讫通知，缺少任何一联，银行不予受理。

第六十六条 在银行开立存款账户的持票人向开户银行提示付款时，应在汇票背面“持票人向银行提示付款签章”处签章，签章须与预留银行签章相同，并将银行汇票和解讫通知、进账单送交开户银行。银行审查无误后办理转账。

第六十七条 未在银行开立存款账户的个人持票人，可以向选择的任何一家银行机构提示付款。提示付款时，应在汇票背面“持票人向银行提示付款签章”处签章，并填明本人身份证件名称、号码及发证机关，由其本人向银行提交身份证件及其复印件。银行审核无误后，将其身份证件复印件留存备查，并以持票人的姓名开立应解汇款及临时存款账户，该账户只付不收，付完清户，不计付利息。

转账支付的，应由原持票人向银行填制支款凭证，并由本人交验其身份证件办理支付款项。该账户的款项只能转入单位或个体工商户的存款账户，严禁转入储蓄和信用卡账户。

支取现金的，银行汇票上必须有出票银行按规定填明的“现金”字样，才能办理。未填明“现金”字样，需要支取现金的，由银行按照国家现金管理规定审查支付。

持票人对填明“现金”字样的银行汇票，需要委托他人向银行提示付款的，应在银行汇票背面背书栏签章，记载“委托收款”字样、被委托人姓名和背书日期以及委托人身份证件名称、号码、发证机关。被委托人向银行提示付款时，也应在银行汇票背面“持票人向银行提示付款签章”处签章，记载证件名称、号码及发证机关，并同时向银行交验委托人和被委托人的身份证件及其复印件。

第六十八条 银行汇票的实际结算金额低于出票金额的，其多余金额由出票银行退交申请人。

第六十九条 持票人超过期限向代理付款银行提示付款不获付款的，须在票据权利时效内向出票银行作出说明，并提供本人身份证件或单位证明，持银行汇票和解讫通知向出票银行请求付款。

第七十条 申请人因银行汇票超过付款提示期限或其他原因要求退款时，应将银行汇票和解讫通知同时提交到出票银行。申请人为单位的，应出具该单位的证明；申请人为个人的，应出具该本人的身份证件。对于代理付款银行查询的该张银行汇票，应在汇票提示付款期满后方能办理退款。出票银行对于转账银行汇票的退款，只能转入原申请人账户；对于符合规定填明“现金”字样银行汇票的退款，才能退付现金。

申请人缺少解讫通知要求退款的，出票银行应于银行汇票提示付款期满一个月后办理。

第七十一条 银行汇票丧失，失票人可以凭人民法院出具的其享有票据权利的证明，向出票银行请求付款或退款。

第三节　商 业 汇 票

第七十二条 商业汇票是出票人签发的，委托付款人在指定日期无条件支付确定的金额给收款人或者持票人的票据。

第七十三条 商业汇票分为商业承兑汇票和银行承兑汇票。

商业承兑汇票由银行以外的付款人承兑。

银行承兑汇票由银行承兑。

商业汇票的付款人为承兑人。

第七十四条 在银行开立存款账户的法人以及其他组织之间，必须具有真实的交易关系或债权债务关系，才能使用商业汇票。

第七十五条 商业承兑汇票的出票人，为在银行开立存款账户的法人以及其他组织，与付款人具有真实的委托付款关系，具有支付汇票金额的可靠资金来源。

第七十六条 银行承兑汇票的出票人必须具备下列条件：

（一）在承兑银行开立存款账户的法人以及其他组织；

（二）与承兑银行具有真实的委托付款关系；

（三）资信状况良好，具有支付汇票金额的可靠资金来源。

第七十七条 出票人不得签发无对价的商业汇票用以骗取银行或者其他票据当事人的资金。

第七十八条 签发商业汇票必须记载下列事项：

（一）表明“商业承兑汇票”或“银行承兑汇票”的字样；

（二）无条件支付的委托；

（三）确定的金额；

（四）付款人名称；

（五）收款人名称；

（六）出票日期；

（七）出票人签章。

欠缺记载上列事项之一的，商业汇票无效。

第七十九条 商业承兑汇票可以由付款人签发并承兑，也可以由收款人签发交由付款人承兑。

银行承兑汇票应由在承兑银行开立存款账户的存款人签发。

第八十条 商业汇票可以在出票时向付款人提示承兑后使用，也可以在出票后先使用再向付款人提示承兑。

定日付款或者出票后定期付款的商业汇票，持票人应当在汇票到期日前向付款人提示承兑。见票后定期付款的汇票，持票人应当自出票日起 1 个月内向付款人提示承兑。

汇票未按照规定期限提示承兑的，持票人丧失对其前手的追索权。

第八十一条 商业汇票的付款人接到出票人或持票人向其提示承兑的汇票时，应当向出票人或持票人签发收到汇票的回单，记明汇票提示承兑日期并签章。付款人应当在自收到提示承兑的汇票之日起 3 日内承兑或者拒绝承兑。

付款人拒绝承兑的，必须出具拒绝承兑的证明。

第八十二条 商业汇票的承兑银行，必须具备下列条件：

（一）与出票人具有真实的委托付款关系；

（二）具有支付汇票金额的可靠资金；

（三）内部管理完善，经其法人授权的银行审定。

第八十三条 银行承兑汇票的出票人或持票人向银行提示承兑时，银行的信贷部门负责按照有关规定和审批程序，对出票人的资格、资信、购销合同和汇票记载的内容进行认真审查，必要时可由出票人提供担保。符合规定和承兑条件的，与出票人签订承兑协议。

第八十四条 付款人承兑商业汇票，应当在汇票正面记载“承兑”字样和承兑日期并签章。

第八十五条 付款人承兑商业汇票，不得附有条件；承兑附有条件的，视为拒绝承兑。

第八十六条 银行承兑汇票的承兑银行，应按票面金额向出票人收取万分之五的手续费。

第八十七条 商业汇票的付款期限，最长不得超过 6 个月。

定日付款的汇票付款期限自出票日起计算，并在汇票上记载具体的到期日。

出票后定期付款的汇票付款期限自出票日起按月计算，并在汇票上记载。

见票后定期付款的汇票付款期限自承兑或拒绝承兑日起按月计算，并在汇票上记载。

第八十八条 商业汇票的提示付款期限，自汇票到期日起 10 日。

持票人应在提示付款期限内通过开户银行委托收款或直接向付款人提示付款。对异地委托收款的，持票人可匡算邮程，提前通过开户银行委托收款。持票人超过提示付款期限提示付款的，持票人开户银行不予受理。

第八十九条 商业承兑汇票的付款人开户银行收到通过委托收款寄来的商业承兑汇票，将商业承兑汇票留存，并及时通知付款人。

（一）付款人收到开户银行的付款通知，应在当日通知银行付款。付款人在接到通知日的次日起 3 日内（遇法定休假日顺延，下同）未通知银行付款的，视同付款人承诺付款，银行应于付款人接到通知日的次日起第 4 日（法定休假日顺延，下同）上午开始营业时，将票款划给持票人。

付款人提前收到由其承兑的商业汇票，应通知银行于汇票到期日付款。付款人在接到通知日的次日起 3 日内未通知银行付款，付款人接到通知日的次日起第 4 日在汇票到期日之前的，银行应于汇票到期日将票款划给持票人。

（二）银行在办理划款时，付款人存款账户不足支付的，应填制付款人未付票款通知书，连同商业承兑汇票邮寄持票人开户银行转交持票人。

（三）付款人存在合法抗辩事由拒绝支付的，应自接到通知日的次日起 3 日内，作成拒绝付款证明送交开户银行，银行将拒绝付款证明和商业承兑汇票邮寄持票人开户银行转交持票人。

第九十条　银行承兑汇票的出票人应于汇票到期前将票款足额交存其开户银行。承兑银行应在汇票到期日或到期日后的见票当日支付票款。

承兑银行存在合法抗辩事由拒绝支付的，应自接到商业汇票的次日起 3 日内，作成拒绝付款证明，连同商业银行承兑汇票邮寄持票人开户银行转交持票人。

第九十一条　银行承兑汇票的出票人于汇票到期日未能足额交存票款时，承兑银行除凭票向持票人无条件付款外，对出票人尚未支付的汇票金额按照每天万分之五计收利息。

第九十二条　商业汇票的持票人向银行办理贴现必须具备下列条件：

（一）在银行开立存款账户的企业法人以及其他组织；

（二）与出票人或者直接前手之间具有真实的商品交易关系；

（三）提供与其直接前手之间的增值税发票和商品发运单据复印件。

第九十三条　符合条件的商业汇票的持票人可持未到期的商业汇票连同贴现凭证向银行申请贴现。贴现银行可持未到期的商业汇票向其他银行转贴现，也可向中国人民银行申请再贴现。贴现、转贴现、再贴现时，应作成转让背书，并提供贴现申请人与其直接前手之间的增值税发票和商品发运单据复印件。

第九十四条　贴现、转贴现和再贴现的期限从其贴现之日起至汇票到期日止。实付贴现金额按票面金额扣除贴现日至汇票到期前 1 日的利息计算。

承兑人在异地的，贴现、转贴现和再贴现的期限以及贴现利息的计算应另加 3 天的划款日期。

第九十五条　贴现、转贴现、再贴现到期，贴现、转贴现、再贴现银行应向付款人收取票款。不获付款的，贴现、转贴现、再贴现银行应向其前手追索票款。贴现、再贴现银行追索票款时可从申请人的存款账户收取票款。

第九十六条 存款人领购商业汇票，必须填写“票据和结算凭证领用单”并签章，签章应与预留银行的签章相符。存款账户结清时，必须将全部剩余空白商业汇票交回银行注销。

第四节 银行本票

第九十七条 银行本票是银行签发的，承诺自己在见票时无条件支付确定的金额给收款人或者持票人的票据。

第九十八条 单位和个人在同一票据交换区域需要支付各种款项，均可以使用银行本票。

银行本票可以用于转账，注明“现金”字样的银行本票可以用于支取现金。

第九十九条 银行本票分为不定额本票和定额本票两种。

第一百条 银行本票的出票人，为经中国人民银行当地分支行批准办理银行本票业务的银行机构。

第一百零一条 签发银行本票必须记载下列事项：

（一）表明“银行本票”的字样；

（二）无条件支付的承诺；

（三）确定的金额；

（四）收款人名称；

（五）出票日期；

（六）出票人签章。

欠缺记载上列事项之一的，银行本票无效。

第一百零二条 定额银行本票面额为1千元、5千元、1万元和5万元。

第一百零三条 银行本票的提示付款期限自出票日起最长不得超过2个月。

持票人超过付款期限提示付款的，代理付款人不予受理。

银行本票的代理付款人是代理出票银行审核支付银行本票款项的银行。

第一百零四条 申请人使用银行本票，应向银行填写“银行本票申请书”，填明收款人名称、申请人名称、支付金额、申请日期等事项并签章。申请人和收款人均为个人需要支取现金的，应在“支付金额”栏先填写“现金”字样，后填写支付金额。

申请人或收款人为单位的，不得申请签发现金银行本票。

第一百零五条 出票银行受理银行本票申请书，收妥款项签发银行本票。用于转账的，在银行本票上划去“现金”字样；申请人和收款人均为个人需要支取现金的，在银行本票上划去"转账"字样。不定额银行本票用压数机压印出票金额。出票银行在银行本票上签章后交给申请人。

申请人或收款人为单位的，银行不得为其签发现金银行本票。

第一百零六条 申请人应将银行本票交付给本票上记明的收款人。

收款人受理银行本票时，应审查下列事项：

（一）收款人是否确为本单位或本人；

（二）银行本票是否在提示付款期限内；

（三）必须记载的事项是否齐全；

（四）出票人签章是否符合规定，不定额银行本票是否有压数机压印的出票金额，并与大写出票金额一致；

（五）出票金额、出票日期、收款人名称是否更改，更改的其他记载事项是否由原记载人签章证明。

第一百零七条 收款人可以将银行本票背书转让给被背书人。

被背书人受理银行本票时，除按照第一百零六条的规定审查外，还应审查下列事项：

（一）背书是否连续，背书人签章是否符合规定，背书使用粘单的是否按规定签章；

（二）背书人为个人的身份证件。

第一百零八条 银行本票见票即付。跨系统银行本票的兑付，持票人开户银行可根据中国人民银行规定的金融机构同业往来利率向出票银行收取利息。

第一百零九条 在银行开立存款账户的持票人向开户银行提示付款时，应在银行本票背面"持票人向银行提示付款签章"处签章，签章须与预留银行签章相同，并将银行本票、进账单送交开户银行。银行审查无误后办理转账。

第一百一十条 未在银行开立存款账户的个人持票人，凭注明"现金"字样的银行本票向出票银行支取现金的，应在银行本票背面签章，记载本人身份证件名称、号码及发证机关，并交验本人身份证件及其复印件。

持票人对注明"现金"字样的银行本票需要委托他人向出票银行提示付款的，应在银行本票背面"持票人向银行提示付款签章"处签章，记载"委托收款"字样、被委托人姓名和背书日期以及委托人身份证件名称、号码、发证机关。被委托人向出票银行提示付款时，也应在银行本票背面"持票人向银行提示付款签章"处签章，记载证件名称、号码及发证机关，并同时交验委托人和被委托人的身份证件及其复印件。

第一百一十一条 持票人超过提示付款期限不获付款的，在票据权利时效内向出票银行作出说明，并提供本人身份证件或单位证明，可持银行本票向出票银行请求付款。

第一百一十二条 申请人因银行本票超过提示付款期限或其他原因要求退款时，应将银行本票提交到出票银行，申请人为单位的，应出具该单位的证明；申请人为个人的，应出具该本人的身份证件。出票银行对于在本行开立存款账户的申请人，只能将款项转入原申请人账户；对于现金银行本票和未在本行开立存款账户的申请人，才能退付现金。

第一百一十三条 银行本票丧失，失票人可以凭人民法院出具的其享有票据权利的证明，向出票银行请求付款或退款。

第五节　支　　票

第一百一十四条 支票是出票人签发的，委托办理支票存款业务的银行在见票时无条件支付确定的金额给收款人或者持票人的票据。

第一百一十五条 支票上印有“现金”字样的为现金支票，现金支票只能用于支取现金。

支票上印有“转账”字样的为转账支票，转账支票只能用于转账。

支票上未印有“现金”或“转账”字样的为普通支票，普通支票可以用于支取现金，也可以用于转账。在普通支票左上角划两条平行线的，为画线支票，画线支票只能用于转账，不得支取现金。

第一百一十六条 单位和个人在同一票据交换区域的各种款项结算，均可以使用支票。

第一百一十七条 支票的出票人，为在经中国人民银行当地分支行批准办理支票业务的银行机构开立可以使用支票的存款账户的单位和个人。

第一百一十八条 签发支票必须记载下列事项：

（一）表明“支票”的字样；

（二）无条件支付的委托；

（三）确定的金额；

（四）付款人名称；

（五）出票日期；

（六）出票人签章；

欠缺记载上列事项之一的，支票无效。

支票的付款人为支票上记载的出票人开户银行。

第一百一十九条 支票的金额、收款人名称，可以由出票人授权补记。未补记前不得背书转让和提示付款。

第一百二十条 签发支票应使用碳素墨水或墨汁填写，中国人民银行另有规定的除外。

第一百二十一条 签发现金支票和用于支取现金的普通支票，必须符合国家现金管理的规定。

第一百二十二条 支票的出票人签发支票的金额不得超过付款时在付款人处实有的存款金额。禁止签发空头支票。

第一百二十三条 支票的出票人预留银行签章是银行审核支票付款的依据。银行也可以与出票人约定使用支付密码，作为银行审核支付支票金额的条件。

第一百二十四条 出票人不得签发与其预留银行签章不符的支票；使用支付密码的，出票人不得签发支付密码错误的支票。

第一百二十五条 出票人签发空头支票、签章与预留银行签章不符的支票、使用支付密码地区，支付密码错误的支票，银行应予以退票，并按票面金额处以5%但不低于1千元的罚款；持票人有权要求出票人赔偿支票金额2%的赔偿金。对屡次签发的，银行应停止其签发支票。

第一百二十六条 支票的提示付款期限自出票日起10日，但中国人民银行另有规定的除外。超过提示付款期限提示付款的，持票人开户银行不予受理，付款人不予付款。

第一百二十七条 持票人可以委托开户银行收款或直接向付款人提示付款。用于支取现金的支票仅限于收款人向付款人提示付款。

持票人委托开户银行收款的支票，银行应通过票据交换系统收妥后入账。

持票人委托开户银行收款时，应作委托收款背书，在支票背面背书人签章栏签章、记载“委托收款”字样、背书日期，在被背书人栏记载开户银行名称，并将支票和填制的进账单送交开户银行。持票人持用于转账的支票向付款人提示付款时，应在支票背面背书人签章栏签章，并将支票和填制的进账单交送出票人开户银行。收款人持用于支取现金的支票向付款人提示付款时，应在支票背面“收款人签章”处签章，持票人为个人的，还需交验本人身份证件，并在支票背面注明证件名称、号码及发证机关。

第一百二十八条 出票人在付款人处的存款足以支付支票金额时，付款人应当在见票当日足额付款。

第一百二十九条 存款人领购支票，必须填写“票据和结算凭证领用单”并签章，签章应与预留银行的签章相符。存款账户结清时，必须将全部剩余空白支票交回银行注销。

第三章 信 用 卡

第一百三十条 信用卡是指商业银行向个人和单位发行的，凭以向特约单位购物、消费和向银行存取现金，且具有消费信用的特制载体卡片。

第一百三十一条 信用卡按使用对象分为单位卡和个人卡；按信誉等级分为金卡和普通卡。

第一百三十二条 商业银行（包括外资银行、合资银行）、非银行金融机构未经中国人民银行批准不得发行信用卡。

非金融机构、境外金融机构的驻华代表机构不得发行信用卡和代理收单结算业务。

第一百三十三条 申请发行信用卡的银行、非银行金融机构，必须具备下列条件：

（一）符合中国人民银行颁布的商业银行资产负债比例监控指标；

（二）相应的管理机构；

（三）合格的管理人员和技术人员；

（四）健全的管理制度和安全制度；

（五）必要的电信设备和营业场所；

（六）中国人民银行规定的其他条件。

第一百三十四条 商业银行、非银行金融机构开办信用卡业务须报经中国人民银行总行批准；其所属分、支机构开办信用卡业务，须报经辖区内中国人民银行分、支行备案。

第一百三十五条 凡在中国境内金融机构开立基本存款账户的单位可申领单位卡。单位卡可申领若干张，持卡人资格由申领单位法定代表人或其委托的代理人书面指定和注销。

凡具有完全民事行为能力的公民可申领个人卡。个人卡的主卡持卡人可为其配偶及年满18周岁的亲属申领附属卡，申领的附属卡最多不得超过两张，也有权要求注销其附属卡。

第一百三十六条 单位或个人申领信用卡，应按规定填制申请表，连同有关资料一并送交发卡银行。符合条件并按银行要求交存一定金额的备用金后，银行为申领人开立信用卡存款账户，并发给信用卡。

第一百三十七条 单位卡账户的资金一律从其基本存款账户转账存入，不得交存现金，不得将销货收入的款项存入其账户。

个人卡账户的资金以其持有的现金存入或以其工资性款项及属于个人的劳务报酬收入转账存入。严禁将单位的款项存入个人卡账户。

第一百三十八条 发卡银行可根据申请人的资信程度，要求其提供担保。担保的方式可采用保证、抵押或质押。

第一百三十九条 信用卡备用金存款利息，按照中国人民银行规定的活期存款利率及计息办法计算。

第一百四十条 信用卡仅限于合法持卡人本人使用，持卡人不得出租或转借信用卡。

第一百四十一条 发卡银行应建立授权审批制度；信用卡结算超过规定限额的必须取得发卡银行的授权。

第一百四十二条 持卡人可持信用卡在特约单位购物、消费。单位卡不得用于10万元以上的商品交易、劳务供应款项的结算。

第一百四十三条 持卡人凭卡购物、消费时，需将信用卡和身份证件一并交特约单位。智能卡(下称IC卡)、照片卡可免验身份证件。

特约单位不得拒绝受理持卡人合法持有的、签约银行发行的有效信用卡，不得因持卡人使用信用卡而向其收取附加费用。

第一百四十四条 特约单位受理信用卡时，应审查下列事项：

(一) 确为本单位可受理的信用卡；

(二) 信用卡在有效期内，未列入“止付名单”；

(三) 签名条上没有“样卡”或“专用卡”等非正常签名的字样；

(四) 信用卡无打孔、剪角、毁坏或涂改的痕迹；

(五) 持卡人身份证件或卡片上的照片与持卡人相符，但使用IC卡、照片卡或持卡人凭密码在销售点终端上消费、购物，可免验身份证件(下同)；

(六) 卡片正面的拼音姓名与卡片背面的签名和身份证件上的姓名一致。

第一百四十五条 特约单位受理信用卡审查无误的，在签购单上压卡，填写实际结算金额、用途、持卡人身份证件号码、特约单位名称和编号。如超过支付限额的，应向发卡银行索权并填写授权号码，交持卡人签名确认，同时核对其签名与卡片背面签名是否一致。无误后，对同意按经办人填写的金额和用途付款的，由持卡人在签购单上签名确认，并将信用卡、身份证件和第一联签购单交还给持卡人。

审查发现问题的，应及时与签约银行联系，征求处理意见。对止付的信用卡，应收回并交还发卡银行。

第一百四十六条 特约单位不得通过压卡、签单和退货等方式支付持卡人现金。

第一百四十七条 特约单位在每日营业终了，应将当日受理的信用卡签购单汇总，计算手续费和净计金额，并填写汇（总）计单和进账单，连同签购单一并送交收单银行办理进账。

第一百四十八条 收单银行接到特约单位送交的各种单据，经审查无误后，为特约单位办理进账。

第一百四十九条 持卡人要求退货的，特约单位应使用退货单办理压（刷）卡，并将退货单金额从当日签购单累计金额中抵减，退货单随签购单一并送交收单银行。

第一百五十条 单位卡一律不得支取现金。

第一百五十一条 个人卡持卡人在银行支取现金时，应将信用卡和身份证件一并交发卡银行或代理银行。IC卡、照片卡以及凭密码在POS上支取现金的可免验身份证件。

发卡银行或代理银行压（刷）卡后，填写取现单，经审查无误，交持卡人签名确认。超过支付限额的，代理银行应向发卡银行索权，并在取现单上填写授权号码。办理付款手续后，将现金、信用卡、身份证件和取现单回单联交给持卡人。

第一百五十二条 发卡银行收到代理银行通过同城票据交换或本系统联行划转的各种单据审核无误后办理付款。

第一百五十三条 信用卡透支额，金卡最高不得超过1万元，普通卡最高不得超过5千元。

信用卡透支期限最长为60天。

第一百五十四条 信用卡透支利息，自签单日或银行记账日起15日内按日息万分之五计算，超过15日按日息万分之十计算，超过30日或透支金额超过规定限额的，按日息万分之十五计算。透支计息不分段，按最后期限或者最高透支额的最高利率档次计息。

第一百五十五条　持卡人使用信用卡不得发生恶意透支。

恶意透支是指持卡人超过规定限额或规定期限，并且经发卡银行催收无效的透支行为。

第一百五十六条　单位卡在使用过程中，需要向其账户续存资金的，一律从其基本存款账户转账存入。

个人卡在使用过程中，需要向其账户续存资金的，只限于其持有的现金存入和工资性款项以及属于个人的劳务报酬收入转账存入。

第一百五十七条　个人卡持卡人或其代理人交存现金，应在发卡银行或其代理银行办理。

持卡人凭信用卡在发卡银行或代理银行交存现金的，银行经审查并收妥现金后，在存款单上压卡，将存款单回单联及信用卡交给持卡人。

持卡人委托他人在不压卡的情况下代为办理交存现金的，代理人应在信用卡存款单上填写持卡人的卡号、姓名、存款金额等内容，并将现金送交银行办理交存手续。

第一百五十八条　发卡银行收到代理银行通过同城票据交换或本系统联行划转的各种单据审核无误后，为持卡人办理收款。

第一百五十九条　持卡人不需要继续使用信用卡的，应持信用卡主动到发卡银行办理销户。

销户时，单位卡账户余额转入其基本存款账户，不得提取现金；个人卡账户可以转账结清，也可以提取现金。

第一百六十条　持卡人还清透支本息后，属于下列情况之一的，可以办理销户：

(一) 信用卡有效期满 45 天后，持卡人不更换新卡的；

(二) 信用卡挂失满 45 天后，没有附属卡又不更换新卡的；

(三) 信用卡被列入止付名单，发卡银行已收回其信用卡 45 天的；

(四) 持卡人死亡，发卡银行已收回其信用卡 45 天的；

(五) 持卡人要求销户或担保人撤销担保，并已交回全部信用卡 45 天的；

(六) 信用卡账户两年(含)以上未发生交易的；

(七) 持卡人违反其他规定，发卡银行认为应该取消资格的。

发卡银行办理销户，应当收回信用卡。有效信用卡无法收回的，应当将其止付。

第一百六十一条 信用卡丧失，持卡人应立即持本人身份证件或其他有效证明，并按规定提供有关情况，向发卡银行或代办银行申请挂失。发卡银行或代办银行审核后办理挂失手续。

第四章 结算方式

第一节 基本规定

第一百六十二条 本办法所称结算方式，是指汇兑、托收承付和委托收款。

第一百六十三条 单位在结算凭证上的签章，应为该单位的财务专用章或者公章加其法定代表人或者其授权的代理人的签名或者盖章。

第一百六十四条 银行办理结算，给单位或个人的收、付款通知和汇兑回单，应加盖该银行的转讫章；银行给单位或个人的托收承付、委托收款的回单和向付款人发出的承付通知，应加盖该银行的业务公章。

第一百六十五条 结算凭证上的记载事项，必须符合本办法的规定。结算凭证上可以记载本办法规定以外的其他记载事项，除国家和中国人民银行另有规定外，该记载事项不具有支付结算的效力。

第一百六十六条 按照本办法的规定必须在结算凭证上记载汇款人、付款人和收款人账号的，账号与户名必须一致。

第一百六十七条 银行办理结算向外发出的结算凭证，必须于当日至迟次日寄发；收到的结算凭证，必须及时将款项支付给结算凭证上记载的收款人。

第二节 汇兑

第一百六十八条 汇兑是汇款人委托银行将其款项支付给收款人的结算方式。

第一百六十九条 单位和个人的各种款项的结算，均可使用汇兑结算方式。

第一百七十条 汇兑分为信汇、电汇两种，由汇款人选择使用。

第一百七十一条 签发汇兑凭证必须记载下列事项：

（一）表明“信汇”或“电汇”的字样；

（二）无条件支付的委托；

（三）确定的金额；

（四）收款人名称；

（五）汇款人名称；

（六）汇入地点、汇入行名称；

（七）汇出地点、汇出行名称；

（八）委托日期；

（九）汇款人签章。

汇兑凭证上欠缺上列记载事项之一的，银行不予受理。

汇兑凭证记载的汇款人名称、收款人名称，其在银行开立存款账户的，必须记载其账号。欠缺记载的，银行不予受理。

委托日期是指汇款人向汇出银行提交汇兑凭证的当日。

第一百七十二条 汇兑凭证上记载收款人为个人的，收款人需要到汇入银行领取汇款，汇款人应在汇兑凭证上注明“留行待取”字样；留行待取的汇款，需要指定单位的收款人领取汇款的，应注明收款人的单位名称；信汇凭收款人签章支取的，应在信汇凭证上预留其签章。

汇款人确定不得转汇的，应在汇兑凭证备注栏注明“不得转汇”字样。

第一百七十三条 汇款人和收款人均为个人，需要在汇入银行支取现金的，应在信、电汇凭证的“汇款金额”大写栏，先填写“现金”字样，后填写汇款金额。

第一百七十四条 汇出银行受理汇款人签发的汇兑凭证，经审查无误后，应及时向汇入银行办理汇款，并向汇款人签发汇款回单。

汇款回单只能作为汇出银行受理汇款的依据，不能作为该笔汇款已转入收款人账户的证明。

第一百七十五条 汇入银行对开立存款账户的收款人，应将汇给其的款项直接转入收款人账户，并向其发出收账通知。

收账通知是银行将款项确已收入收款人账户的凭据。

第一百七十六条 未在银行开立存款账户的收款人，凭信、电汇的取款通知或“留行待取”的，向汇入银行支取款项，必须交验本人的身份证件，在信、电汇凭证上注明证件名称、号码及发证机关，并在“收款人签盖章”处签章；信汇凭签章支取的，收款人的签章必须与预留信汇凭证上的签章相符。银行审查无误后，以收款人的姓名开立应解汇款及临时存款账户，该账户只付不收，付完清户，不计付利息。

支取现金的，信、电汇凭证上必须有按规定填明的“现金”字样，才能办理。未填明“现金”字样，需要支取现金的，由汇入银行按照国家现金管理规定审查支付。

收款人需要委托他人向汇入银行支取款项的，应在取款通知上签章，注明本人身份证件名称、号码、发证机关和“代理”字样以及代理人姓名。代理人代理取款时，也应在取款通知上签章，注明其身份证件名称、号码及发证机关，并同时交验代理人和被代理人的身份证件。

转账支付的，应由原收款人向银行填制支款凭证，并由本人交验其身份证件办理支付款项。该账户的款项只能转入单位或个体工商户的存款账户，严禁转入储蓄和信用卡账户。

转汇的，应由原收款人向银行填制信、电汇凭证，并由本人交验其身份证件。转汇的收款人必须是原收款人。原汇入银行必须在信、电汇凭证上加盖“转汇”戳记。

第一百七十七条 汇款人对汇出银行尚未汇出的款项可以申请撤销。申请撤销时，应出具正式函件或本人身份证件及原信、电汇回单。汇出银行查明确未汇出款项的，收回原信、电汇回单，方可办理撤销。

第一百七十八条 汇款人对汇出银行已经汇出的款项可以申请退汇。对在汇入银行开立存款账户的收款人，由汇款人与收款人自行联系退汇；对未在汇入银行开立存款账户的收款人，汇款人应出具正式函件或本人身份证件以及原信、电汇回单，由汇出银行通知汇入银行，经汇入银行核实汇款确未支付，并将款项汇回汇出银行，方可办理退汇。

第一百七十九条 转汇银行不得受理汇款人或汇出银行对汇款的撤销或退汇。

第一百八十条 汇入银行对于收款人拒绝接受的汇款，应即办理退汇。汇入银行对于向收款人发出取款通知，经过2个月无法交付的汇款，应主动办理退汇。

第三节 托收承付

第一百八十一条 托收承付是根据购销合同由收款人发货后委托银行向异地付款人收取款项，由付款人向银行承认付款的结算方式。

第一百八十二条 使用托收承付结算方式的收款单位和付款单位，必须是国有企业、供销合作社以及经营管理较好，并经开户银行审查同意的城乡集体所有制工业企业。

第一百八十三条 办理托收承付结算的款项，必须是商品交易，以及因商品交易而产生的劳务供应的款项。代销、寄销、赊销商品的款项，不得办理托收承付结算。

第一百八十四条 收付双方使用托收承付结算必须签有符合《经济合同法》的购销合同，并在合同上订明使用托收承付结算方式。

第一百八十五条 收付双方办理托收承付结算，必须重合同、守信用。收款人对同一付款人发货托收累计 3 次收不回货款的，收款人开户银行应暂停收款人向该付款人办理托收；付款人累计 3 次提出无理拒付的，付款人开户银行应暂停其向外办理托收。

第一百八十六条 收款人办理托收，必须具有商品确已发运的证件（包括铁路、航运、公路等运输部门签发的运单、运单副本和邮局包裹回执）。

没有发运证件，属于下列情况的，可凭其他有关证件办理托收：

（一）内贸、外贸部门系统内商品调拨，自备运输工具发送或自提的；易燃、易爆、剧毒、腐蚀性强的商品，以及电、石油、天然气等必须使用专用工具或线路、管道运输的，可凭付款人确已收到商品的证明（粮食部门凭提货单及发货明细表）。

（二）铁道部门的材料厂向铁道系统供应专用器材，可凭其签发注明车辆号码和发运日期的证明。

（三）军队使用军列整车装运物资，可凭注明车辆号码、发运日期的单据；军用仓库对军内发货，可凭总后勤部签发的提货单副本，各大军区、省军区也可比照办理。

（四）收款人承造或大修理船舶、锅炉和大型机器等，生产周期长，合同规定按工程进度分次结算的，可凭工程进度完工证明书。

（五）付款人购进的商品，在收款人所在地转厂加工、配套的，可凭付款人和承担加工、配套单位的书面证明。

（六）合同规定商品由收款人暂时代为保管的，可凭寄存证及付款人委托保管商品的证明。

（七）使用“铁路集装箱”或将零担凑整车发运商品的，由于铁路只签发一张运单，可凭持有发运证件单位出具的证明。

（八）外贸部门进口商品，可凭国外发来的账单、进口公司开出的结算账单。

第一百八十七条 托收承付结算每笔的金额起点为 1 万元。新华书店系统每笔的金额起点为 1 千元。

第一百八十八条 托收承付结算款项的划回方法，分邮寄和电报两种，由收款人选用。

第一百八十九条 签发托收承付凭证必须记载下列事项：

（一）表明“托收承付”的字样；

（二）确定的金额；

（三）付款人名称及账号；

（四）收款人名称及账号；

（五）付款人开户银行名称；

（六）收款人开户银行名称；

（七）托收附寄单证张数或册数；

（八）合同名称、号码；

（九）委托日期；

（十）收款人签章。

托收承付凭证上欠缺记载上列事项之一的，银行不予受理。

第一百九十条 托收。收款人按照签订的购销合同发货后，委托银行办理托收。

（一）收款人应将托收凭证并附发运证件或其他符合托收承付结算的有关证明和交易单证送交银行。收款人如需取回发运证件，银行应在托收凭证上加盖“已验发运证件”戳记。

对于军品托收，有驻厂军代表检验产品或有指定专人负责财务监督的，收款人还应当填制盖有驻厂军代表或指定人员印章（要在银行预留印模）的结算通知单，将交易单证和发运证件装入密封袋，并在密封袋上填明托收号码；同时，在托收凭证上填明结算通知单和密封袋的号码。然后，将托收凭证和结算通知单送交银行办理托收。

没有驻厂军代表使用代号明件办理托收的，不填结算通知单，但应在交易单证上填写保密代号，按照正常托收办法处理。

（二）收款人开户银行接到托收凭证及其附件后，应当按照托收的范围、条件和托收凭证记载的要求认真进行审查，必要时，还应查验收付款人签订的购销合同。凡不符合要求或违反购销合同发货的，不能办理。审查时间最长不得超过次日。

第一百九十一条 承付。付款人开户银行收到托收凭证及其附件后，应当及时通知付款人。通知的方法，可以根据具体情况与付款人签订协议，采取付款人来行自取、派人送达、对距离较远的付款人邮寄等。付款人应在承付期内审查核对，安排资金。

承付货款分为验单付款和验货付款两种，由收付双方商量选用，并在合同中明确规定。

（一）验单付款。验单付款的承付期为3天，从付款人开户银行发出承付通知的次日算起（承付期内遇法定休假日顺延）。

付款人在承付期内，未向银行表示拒绝付款，银行即视作承付，并在承付期满的次日（法定休假日顺延）上午银行开始营业时，将款项主动从付款人的账户内付出，按照收款人指定的划款方式，划给收款人。

（二）验货付款。验货付款的承付期为10天，从运输部门向付款人发出提货通知的次日算起。对收付双方在合同中明确规定，并在托收凭证上注明验货付款期限的，银行从其规定。

付款人收到提货通知后，应即向银行交验提货通知。付款人在银行发出承付通知的次日起10天内，未收到提货通知的，应在第10天将货物尚未到达的情况通知银行。在第10天付款人没有通知银行的，银行即视作已经验货，于10天期满的次日上午银行开始营业时，将款项划给收款人；在第10天付款人通知银行货物未到，而以后收到提货通知没有及时送交银行，银行仍按10天期满的次日作为划款日期，并按超过的天数，计扣逾期付款赔偿金。

采用验货付款的，收款人必须在托收凭证上加盖明显的“验货付款”字样戳记。托收凭证未注明验货付款，经付款人提出合同证明是验货付款的，银行可按验货付款处理。

（三）不论验单付款还是验货付款，付款人都可以在承付期内提前向银行表示承付，并通知银行提前付款，银行应立即办理划款；因商品的价格、数量或金额变动，付款人应多承付款项的，须在承付期内向银行提出书面通知，银行据以随同当次托收款项划给收款人。

付款人不得在承付货款中，扣抵其他款项或以前托收的货款。

第一百九十二条 逾期付款。付款人在承付期满日银行营业终了时，如无足够资金支付，其不足部分，即为逾期未付款项，按逾期付款处理。

（一）付款人开户银行对付款人逾期支付的款项，应当根据逾期付款金额和逾期天数，按每天万分之五计算逾期付款赔偿金。

逾期付款天数从承付期满日算起。承付期满日银行营业终了时，付款人如无足够资金支付，其不足部分，应当算作逾期1天，计算1天的赔偿金。在承付期满的次日（遇法定休假日，逾期付款赔偿金的天数计算相应顺延，但在以后遇法定休假日应当照算逾期天数）银行营业终了时，仍无足够资金支付，其不足部分，应当算作逾期2天，计算2天的赔偿金。余类推。

银行审查拒绝付款期间，不能算作付款人逾期付款，但对无理的拒绝付款，而增加银行审查时间的，应从承付期满日起计算逾期付款赔偿金。

（二）赔偿金实行定期扣付，每月计算一次，于次月 3 日内单独划给收款人。在月内有部分付款的，其赔偿金随同部分支付的款项划给收款人，对尚未支付的款项，月终再计算赔偿金，于次月 3 日内划给收款人；次月又有部分付款时，从当月 1 日起计算赔偿金，随同部分支付的款项划给收款人，对尚未支付的款项，从当月 1 日起至月终再计算赔偿金，于第 3 月 3 日内划给收款人。第 3 月仍有部分付款的，按照上述方法计扣赔偿金。

赔偿金的扣付列为企业销货收入扣款顺序的首位。付款人账户余额不足全额支付时，应排列在工资之前，并对该账户采取“只收不付”的控制办法，待一次足额扣付赔偿金后，才准予办理其他款项的支付。因此而产生的经济后果，由付款人自行负责。

（三）付款人开户银行对付款人逾期未能付款的情况，应当及时通知收款人开户银行，由其转知收款人。

（四）付款人开户银行要随时掌握付款人账户逾期未付的资金情况，俟账户有款时，必须将逾期未付款项和应付的赔偿金及时扣划给收款人，不得拖延扣划。在各单位的流动资金账户内扣付货款，要严格按照国务院关于国营企业销货收入扣款顺序的规定（即从企业销货收入中预留工资后，按照应缴纳税款、到期贷款、应偿付货款、应上缴利润的顺序）扣款；同类性质的款项按照应付时间的先后顺序扣款。

（五）付款人开户银行对不执行合同规定、三次拖欠货款的付款人，应当通知收款人开户银行转知收款人，停止对该付款人办理托收。收款人不听劝告，继续对该付款人办理托收，付款人开户银行对发出通知的次日起 1 个月之后收到的托收凭证，可以拒绝受理，注明理由，原件退回。

（六）付款人开户银行对逾期未付的托收凭证，负责进行扣款的期限为 3 个月（从承付期满日算起）。在此期限内，银行必须按照扣款顺序陆续扣款。期满时，付款人仍无足够资金支付该笔尚未付清的欠款，银行应于次日通知付款人将有关交易单证（单证已作账务处理或已部分支付的，可以填制应付款项证明单）在 2 日内退回银行。银行将有关结算凭证连同交易单证或应付款项证明单退回收款人开户银行转交收款人，并将应付的赔偿金划给收款人。

对付款人逾期不退回单证的，开户银行应当自发出通知的第 3 天起，按照该笔尚未付清欠款的金额，每天处以万分之五但不低于 50 元的罚款，并暂停付款人向外办理结算业务，直到退回单证时止。

第一百九十三条 拒绝付款。对下列情况，付款人在承付期内，可向银行提出全部或部分拒绝付款：

（一）没有签订购销合同或购销合同未订明托收承付结算方式的款项。

（二）未经双方事先达成协议，收款人提前交货或因逾期交货付款人不再需要该项货物的款项。

（三）未按合同规定的到货地址发货的款项。

（四）代销、寄销、赊销商品的款项。

（五）验单付款，发现所列货物的品种、规格、数量、价格与合同规定不符，或货物已到，经查验货物与合同规定或发货清单不符的款项。

（六）验货付款，经查验货物与合同规定或与发货清单不符的款项。

（七）货款已经支付或计算有错误的款项。

不属于上述情况的，付款人不得向银行提出拒绝付款。

外贸部门托收进口商品的款项，在承付期内，订货部门除因商品的质量问题不能提出拒绝付款，应当另行向外贸部门提出索赔外，属于上述其他情况，可以向银行提出全部或部分拒绝付款。

付款人对以上情况提出拒绝付款时，必须填写“拒绝付款理由书”并签章，注明拒绝付款理由，涉及合同的应引证合同上的有关条款。属于商品质量问题，需要提出商品检验部门的检验证明；属于商品数量问题，需要提出数量问题的证明及其有关数量的记录；属于外贸部门进口商品，应当提出国家商品检验或运输等部门出具的证明。

开户银行必须认真审查拒绝付款理由，查验合同。对于付款人提出拒绝付款的手续不全、依据不足、理由不符合规定和不属于本条七种拒绝付款情况的，以及超过承付期拒付和应当部分拒付提为全部拒付的，银行均不得受理，应实行强制扣款。

对于军品的拒绝付款，银行不审查拒绝付款理由。

银行同意部分或全部拒绝付款的，应在拒绝付款理由书上签注意见。部分拒绝付款，除办理部分付款外，应将拒绝付款理由书连同拒付证明和拒付商品清单邮寄收款人开户银行转交收款人。全部拒绝付款，应将拒绝付款理由书连同拒付证明和有关单证邮寄收款人开户银行转交收款人。

第一百九十四条 重办托收。收款人对被无理拒绝付款的托收款项，在收到退回的结算凭证及其所附单证后，需要委托银行重办托收，应当填写四联“重办托收理由书”，将其中三联连同购销合同、有关证据和退回的原托收凭证及交易单证，一并送交银行。经开户银行审查，确属无理拒绝付款，可以重办托收。

第一百九十五条 收款人开户银行对逾期尚未划回，又未收到付款人开户银行寄来逾期付款通知或拒绝付款理由书的托收款项，应当及时发出查询。付款人开户银行要积极查明，及时答复。

第一百九十六条 付款人提出的拒绝付款，银行按照本办法规定审查无法判明是非的，应由收付双方自行协商处理，或向仲裁机关，人民法院申请调解或裁决。

第一百九十七条 未经开户银行批准使用托收承付结算方式的城乡集体所有制工业企业，收款人开户银行不得受理其办理托收；付款人开户银行对其承付的款项应按规定支付款项外，还要对该付款人按结算金额处以百分之五罚款。

第四节 委托收款

第一百九十八条 委托收款是收款人委托银行向付款人收取款项的结算方式。

第一百九十九条 单位和个人凭已承兑商业汇票、债券、存单等付款人债务证明办理款项的结算，均可以使用委托收款结算方式。

第二百条 委托收款在同城、异地均可以使用。

第二百零一条 委托收款结算款项的划回方式，分邮寄和电报两种，由收款人选用。

第二百零二条 签发委托收款凭证必须记载下列事项：

（一）表明“委托收款”的字样；

（二）确定的金额；

（三）付款人名称；

（四）收款人名称；

（五）委托收款凭据名称及附寄单证张数；

（六）委托日期；

（七）收款人签章。

欠缺记载上列事项之一的，银行不予受理。

委托收款以银行以外的单位为付款人的，委托收款凭证必须记载付款人开户银行名称；以银行以外的单位或在银行开立存款账户的个人为收款人的，委托收款凭证必须记载收款人开户银行名称；未在银行开立存款账户的个人为收款人的，委托收款凭证必须记载被委托银行名称。欠缺记载的，银行不予受理。

第二百零三条 委托。收款人办理委托收款应向银行提交委托收款凭证和有关的债务证明。

第二百零四条 付款。银行接到寄来的委托收款凭证及债务证明，审查无误办理付款。

（一）以银行为付款人的，银行应在当日将款项主动支付给收款人。

（二）以单位为付款人的，银行应及时通知付款人，按照有关办法规定，需要将有关债务证明交给付款人的应交给付款人，并签收。

付款人应于接到通知的当日书面通知银行付款。

按照有关办法规定，付款人未在接到通知日的次日起 3 日内通知银行付款的，视同付款人同意付款，银行应于付款人接到通知日的次日起第 4 日上午开始营业时，将款项划给收款人。

付款人提前收到由其付款的债务证明，应通知银行于债务证明的到期日付款。付款人未于接到通知日的次日起 3 日内通知银行付款，付款人接到通知日的次日起第 4 日在债务证明到期日之前的，银行应于债务证明到期日将款项划给收款人。

银行在办理划款时，付款人存款账户不足支付的，应通过被委托银行向收款人发出未付款项通知书。按照有关办法规定，债务证明留存付款人开户银行的，应将其债务证明连同未付款项通知书邮寄被委托银行转交收款人。

第二百零五条 拒绝付款。付款人审查有关债务证明后，对收款人委托收取的款项需要拒绝付款的，可以办理拒绝付款。

（一）以银行为付款人的，应自收到委托收款及债务证明的次日起 3 日内出具拒绝证明连同有关债务证明、凭证寄给被委托银行，转交收款人。

（二）以单位为付款人的，应在付款人接到通知日的次日起 3 日内出具拒绝证明，持有债务证明的，应将其送交开户银行。银行将拒绝证明、债务证明和有关凭证一并寄给被委托银行，转交收款人。

第二百零六条 在同城范围内，收款人收取公用事业费或根据国务院的规定，可以使用同城特约委托收款。

收取公用事业费，必须具有收付双方事先签订的经济合同，由付款人向开户银行授权，并经开户银行同意，报经中国人民银行当地分支行批准。

第五章　结算纪律与责任

第二百零七条 单位和个人办理支付结算，不准签发没有资金保证的票据或远期支票，套取银行信用；不准签发、取得和转让没有真实交易和债权债务的票据，套取银行和他人资金；不准无理拒绝付款，任意占用他人资金；不准违反规定开立和使用账户。

第二百零八条 银行办理支付结算，不准以任何理由压票、任意退票、截留挪用客户和他行资金；不准无理拒绝支付应由银行支付的票据款项；不准受理无理拒付、不扣少扣滞纳金；不准违章签发、承兑、贴现票据，套取银行资金；不准签发空头银行汇票、银行本票和办理空头汇款；不准在支付结算制度之外规定附加条件，影响汇路畅通；不准违反规定为单位和个人开立账户；不准拒绝受理、代理他行正常结算业务；不准放弃对企事业单位和个人违反结算纪律的制裁；不准逃避向人民银行转汇大额汇划款项。

第二百零九条 单位、个人和银行按照法定条件在票据上签章的，必须按照所记载的事项承担票据责任。

第二百一十条 单位签发商业汇票后，必须承担保证该汇票承兑和付款的责任。

单位和个人签发支票后，必须承担保证该支票付款的责任。

银行签发银行汇票、银行本票后，即承担该票据付款的责任。

第二百一十一条 商业汇票的背书人背书转让票据后，即承担保证其后手所持票据承兑和付款责任。

银行汇票、银行本票或支票的背书人背书转让票据后，即承担保证其后手所持票据付款的责任。

单位或银行承兑商业汇票后，必须承担该票据付款的责任。

第二百一十二条 票据的保证人应当与被保证人对持票人承担连带责任。

第二百一十三条 变造票据除签章以外的记载事项的，在变造之前签章的人，对原记载事项负责、在变造之后签章的人，对变造之后的记载事项负责；不能辨别在票据被变造之前或者之后签章的，视同在变造之前签章。

第二百一十四条 持票人超过规定期限提示付款的，银行汇票、银行本票的出票人、商业汇票的承兑人，在持票人作出说明后，仍应当继续对持票人承担付款责任；支票的出票人对持票人的追索，仍应当承担清偿责任。

第二百一十五条 付款人及其代理付款人以恶意或者重大过失付款的，应当自行承担责任。

第二百一十六条 商业汇票的付款人在到期前付款的，由付款人自行承担所产生的责任。

第二百一十七条 承兑人或者付款人拒绝承兑或拒绝付款，未按规定出具拒绝证明、或者出具退票理由书的，应当承担由此产生的民事责任。

第二百一十八条 持票人不能出示拒绝证明、退票理由书或者未按规定期限提供其他合法证明丧失对其前手追索权的，承兑人或者付款人应对持票人承担责任。

第二百一十九条 持票人因不获承兑或不获付款，对其前手行使追索权时，票据的出票人、背书人和保证人对持票人承担连带责任。

第二百二十条 持票人行使追索权时，持票人及其前手未按《票据法》规定期限将被拒绝事由书面通知其前手的，因延期通知给其前手或者出票人造成损失的，由没有按照规定期限通知的票据当事人，在票据金额内承担对该损失的赔偿责任。

第二百二十一条 票据债务人在持票人不获付款或不获承兑时，应向持票人清偿《票据法》规定的金额和费用。

第二百二十二条 单位和个人签发空头支票、签章与预留银行签章不符或者支付密码错误的支票，应按照《票据管理实施办法》和本办法的规定承担行政责任。

第二百二十三条 单位为票据的付款人，对见票即付或者到期的票据，故意压票、拖延支付的，应按照《票据管理实施办法》的规定承担行政责任。

第二百二十四条 持卡人必须妥善保管和正确使用其信用卡，否则，应按规定承担因此造成的资金损失。

第二百二十五条 持卡人使用单位卡发生透支的，由其单位承担透支金额的偿还和支付透支利息的责任。持卡人使用个人卡附属卡发生透支的，由其主卡持卡人承担透支金额的偿还和支付透支利息的责任；主卡持卡人丧失偿还能力的，由其附属卡持卡人承担透支金额的偿还和支付透支利息的责任。

第二百二十六条 持卡人办理挂失后，被冒用造成的损失，有关责任人按照信用卡章程的规定承担责任。

第二百二十七条 持卡人违反本办法规定使用信用卡进行商品交易、套取现金以及出租或转借信用卡的，应按规定承担行政责任。

第二百二十八条 单位卡持卡人违反本办法规定，将基本存款账户以外的存款和销货款收入的款项转入其信用卡账户的；个人卡持卡人违反本办法规定，将单位的款项转入其信用卡账户的，应按规定承担行政责任。

第二百二十九条 特约单位受理信用卡时，应当按照规定的操作程序办理，否则，由其承担因此造成的资金损失。

第二百三十条 发卡银行未按规定时间将止付名单发至特约单位的，应由其承担因此造成的资金损失。

第二百三十一条 银行违反本办法规定，未经批准发行信用卡的；帮助持卡人将其基本存款账户以外的存款或其他款项转入单位卡账户，将单位的款项转入个人卡账户的；违反规定帮助持卡人提取现金的，应按规定承担行政责任。

第二百三十二条 非金融机构、非银行金融机构、境外金融机构驻华代表机构违反规定，经营信用卡业务的，应按规定承担行政责任。

第二百三十三条 付款单位对收款单位托收的款项逾期付款，应按照规定承担赔偿责任；付款单位变更开户银行、账户名称和账号，未能及时通知收款单位，影响收取款项的，应由付款单位承担逾期付款赔偿责任；付款单位提出的无理拒绝付款，对收款单位重办的托收，应承担自第一次托收承付期满日起逾期付款赔偿责任。

第二百三十四条 单位和个人办理支付结算，未按照本办法的规定填写票据或结算凭证或者填写有误，影响资金使用或造成资金损失；票据或印章丢失，造成资金损失的，由其自行负责。

第二百三十五条 单位和个人违反本办法的规定，银行停止其使用有关支付结算工具，因此造成的后果，由单位和个人自行负责。

第二百三十六条 付款单位到期无款支付，逾期不退回托收承付有关单证的，应按规定承担行政责任。

第二百三十七条 城乡集体所有制工业企业未经银行批准，擅自办理托收承付结算的，应按规定承担行政责任。

第二百三十八条 单位和个人违反《银行账户管理办法》开立和使用账户的，应按规定承担行政责任。

第二百三十九条 对单位和个人承担行政责任的处罚，由中国人民银行委托商业银行执行。

第二百四十条 收款人或持票人委托的收款银行的责任，限于收到付款人支付的款项后按照票据和结算凭证上记载的事项将票据或结算凭证记载的金额转入收款人或持票人账户。

付款人委托的付款银行的责任，限于按照票据和结算凭证上记载事项从付款人账户支付金额。但托收承付结算中的付款人开户银行，应按照托收承付结算方式有关规定承担责任。

第二百四十一条 银行办理支付结算，因工作差错发生延误，影响客户和他行资金使用的，按中国人民银行规定的同档次流动资金贷款利率计付赔偿金。

第二百四十二条 银行违反规定故意压票、退票、拖延支付，受理无理拒付、擅自拒付退票、有款不扣以及不扣、少扣赔偿金，截留挪用结算资金，影响客户和他行资金使用的，要按规定承担赔偿责任。因重大过失错付或被冒领的，要负责资金赔偿。

第二百四十三条 银行违反本办法规定将支付结算的款项转入储蓄和信用卡账户的，应按规定承担行政责任。

第二百四十四条 银行违反规定签发空头银行汇票、银行本票和办理空头汇款的，应按照规定承担行政责任。

第二百四十五条 银行违反规定故意压票、退票、拖延支付，受理无理拒付、擅自拒付退票、有款不扣以及不扣、少扣赔偿金，截留、挪用结算资金的，应按规定承担行政责任。

第二百四十六条 银行未按规定通过人民银行办理大额转汇的，应按规定承担行政责任。

第二百四十七条 银行在结算制度之外规定附加条件，影响汇路畅通的，应按规定承担行政责任。

第二百四十八条 银行违反《银行账户管理办法》开立和管理账户的，应按规定承担行政责任。

第二百四十九条 违反国家法律、法规和未经中国人民银行批准，作为中介机构经营结算业务的；未经中国人民银行批准，开办银行汇票、银行本票、支票、信用卡业务的，应按规定承担行政责任。

第二百五十条 金融机构的工作人员在票据业务中玩忽职守，对违反规定的票据予以承兑、付款、保证或者贴现的，应按照《票据管理实施办法》的规定承担行政责任或刑事责任。

第二百五十一条 违反本办法规定擅自印制票据的，应按照《票据管理实施办法》的规定承担行政责任。

第二百五十二条 邮电部门在传递票据、结算凭证和拍发电报中，因工作差错而发生积压、丢失、错投、错拍、漏拍、重拍等，造成结算延误，影响单位、个人和银行资金使用或造成资金损失的，由邮电部门负责。

第二百五十三条 伪造、变造票据和结算凭证上的签章或其他记载事项的，应当承担民事责任或刑事责任。

第二百五十四条 有利用票据、信用卡、结算凭证欺诈的行为，构成犯罪的，应依法承担刑事责任。情节轻微，不构成犯罪的，应按照规定承担行政责任。

第六章 附 则

第二百五十五条 本办法规定的各项期限的计算，适用民法通则关于计算期间的规定。期限最后一日是法定休假日的，以休假日的次日为最后一日。

按月计算期限的，按到期月的对日计算；无对日的，月末日为到期日。

本办法所规定的各项期限，可以因不可抗力的原因而中止。不可抗力的原因消失时，期限可以顺延。

第二百五十六条 银行汇票、商业汇票由中国人民银行总行统一格式、联次、颜色、规格，并在中国人民银行总行批准的印制厂印制。由各家银行总行组织定货和管理。

银行本票、支票由中国人民银行总行统一格式、联次、颜色、规格，并在中国人民银行总行批准的印制厂印制，由中国人民银行各省、自治区、直辖市、计划单列市分行负责组织各商业银行定货和管理。

信用卡按中国人民银行的有关规定印制，信用卡结算凭证的格式、联次、颜色、规格由中国人民银行总行统一规定，各发卡银行总行负责印制。

汇兑凭证、托收承付凭证、委托收款凭证由中国人民银行总行统一格式、联次、颜色、规格，由各行负责印制和管理。

第二百五十七条 银行办理各项支付结算业务，根据承担的责任和业务成本以及应付给有关部门的费用，分别收取邮费、电报费、手续费、凭证工本费（信用卡卡片费）、挂失手续费，以及信用卡年费、特约手续费、异地存取款手续费。收费范围，除财政金库全部免收、存款不计息账户免收邮费、手续费外，对其他单位和个人都要按照规定收取费用。

邮费，单程的每笔按邮局挂号信每件收费标准收费；双程的每笔按邮局挂号信二件收费标准收费；客户要求使用特快专递的，按邮局规定的收费标准收取；超重部分按邮局规定的标准加收。

电报费，每笔按四十五个字照电报费标准收取，超过的字数按每字收费的标准加收。急电均加倍收取电报费。

手续费，按银行规定的标准收取。

银行办理支付结算业务按照附二《支付结算业务收费表》收取手续费和邮电费。

信用卡统一的收费标准，中国人民银行将另行规定。

支票的手续费由经办银行向购买人收取，其他结算的手续费、邮电费一律由经办银行向委托人收取。

凭证工本费，按照不同凭证的成本价格，向领用人收取。

第二百五十八条 各部门、各单位制定的有关规定，涉及支付结算而与本办法有抵触的，一律按照本办法的规定执行。

中国人民银行过去有关支付结算的规定与本办法有抵触的，以本办法为准。

第二百五十九条 本办法由中国人民银行总行负责解释、修改。

第二百六十条 本办法自 1997 年 12 月 1 日起施行。

附一

正确填写票据和结算凭证的基本规定

银行、单位和个人填写的各种票据和结算凭证是办理支付结算和现金收付的重要依据，直接关系到支付结算的准确、及时和安全。票据和结算凭证是银行、单位和个人凭以记载账务的会计凭证，是记载经济业务和明确经济责任的一种书面证书。因此，填写票据和结算凭证，必须做到标准化、规范化，要要素齐全、数字正确、字迹清晰、不错漏、不潦草，防止涂改。

一、中文大写金额数字应用正楷或行书填写，如壹（壹）、贰（贰）、叁（叁）、肆（肆）、伍（伍）、陆（陆）、柒、捌、玖、拾、佰、仟、万（万）、亿、元、角、分、零、整（正）等字样。不得用一、二（两）、三、四、五、六、七、八、九、十、念、毛、另（或 0）填写，不得自造简化字。如果金额数字书写中使用繁体字，如贰、陆、亿、万、圆的，也应受理。

二、中文大写金额数字到“元”为止的，在“元”之后，应写“整”（或“正”）字，在“角”之后可以不写“整”（或“正”）字。大写金额数字有“分”的，“分”后面不写“整”（或“正”）字。

三、中文大写金额数字前应标明“人民币”字样，大写金额数字有“分”的，“分”后面不写“整”（或“正”）字。

四、中文大写金额数字前应标明“人民币”字样，大写金额数字应紧接“人民币”字样填写，不得留有空白。大写金额数字前未印“人民币”字样的，应加填“人民币”三字。在票据和结算凭证大写金额栏内不得预印固定的“仟、佰、拾、万、仟、佰、拾、元、角、分”字样。

五、阿拉伯小写金额数字中有“0”时，中文大写应按照汉语语言规律、金额数字构成和防止涂改的要求进行书写。举例如下：

（一）阿拉伯数字中间有“0”时，中文大写金额要写“零”字。如￥1,409.50，应写成人民币壹仟肆佰零玖元伍角。

（二）阿拉伯数字中间连续几个“0”时，中文大写金额中间可以只写一个“零”字。如￥6,007.14，应写成人民币陆仟零柒元壹角肆分。

（三）阿拉伯金额数字万位或元位是“0”，或者数字中间连续有几个“0”，万位、元位也是“0”，但千位、角位不是“0”时，中文大写金额中可以只写一个零字，也可以不写“零”字。如￥1,680.32，应写成人民币壹仟陆佰捌拾元零叁角贰分，或者写成人民币壹仟陆佰捌拾元叁角贰分；又如￥107,000.53，应写成人民币壹拾万柒仟元零伍角叁分，或者写成人民币壹拾万零柒仟元伍角叁分。

（四）阿拉伯金额数字角位是“0”，而分位不是“0”时，中文大写金额“元”后面应写“零”字。如￥16,409.02，应写成人民币壹万陆仟肆佰零玖元零贰分；又如￥325.04，应写成人民币叁佰贰拾伍元零肆分。

五、阿拉伯小写金额数字前面，均应填写人民币符号“￥”（或草写：￥）。阿拉伯小写金额数字要认真填写，不得连写分辨不清。

六、票据的出票日期必须使用中文大写。为防止变造票据的出票日期，在填写月、日时，月为壹、贰和壹拾的，日为壹至玖和壹拾、贰拾和叁拾的，应在其前加“零”；日为拾壹至拾玖的，应在其前面加“壹”。如1月15日，应写成零壹月壹拾伍日。再如10月20日，应写成零壹拾月零贰拾日。

七、票据出票日期使用小写填写的，银行不予受理。大写日期未按要求规模填写的，银行可予受理，但由此造成损失的，由出票人自行承担。

附件7

票据管理实施办法

（1997年6月23日 国务院批准　　1997年8月21日　中国人民银行发布）

第一条　为了加强票据管理，维护金融秩序，根据《中华人民共和国票据法》（以下简称《票据法》）的规定，制定本办法。

第二条　在中华人民共和国境内的票据管理，适用本办法。

第三条　中国人民银行是票据的管理部门。票据管理应当遵守《票据法》和本办法以及有关法律、行政法规的规定，不得损害票据当事人的合法权益。

第四条　票据当事人应当依法从事票据活动，行使票据权利，履行票据义务。

第五条　票据当事人应当使用中国人民银行规定的统一格式的票据。

第六条　银行汇票的出票人，为经中国人民银行批准办理银行汇票业务的银行。

第七条　银行本票的出票人，为经中国人民银行批准办理银行本票业务的银行。

第八条　商业汇票的出票人，为银行以外的企业和其他组织。

向银行申请办理汇票承兑的商业汇票的出票人，必须具备下列条件：

（一）在承兑银行开立存款账户；

（二）资信状况良好，并具有支付汇票金额的可靠资金来源。

第九条　承兑商业汇票的银行，必须具备下列条件：

（一）与出票人具有真实的委托付款关系；

（二）具有支付汇票金额的可靠资金。

第十条　向银行申请办理票据贴现的商业汇票的持票人，必须具备下列条件：

（一）在银行开立存款账户；

（二）与出票人、前手之间具有真实的交易关系和债权债务关系。

第十一条　支票的出票人，为在经中国人民银行批准办理支票存款业务的银行、城市信用合作社和农村信用合作社开立支票存款账户的企业、其他组织和个人。

第十二条 《票据法》所称“保证人”，是指具有代为清偿票据债务能力的法人、其他组织或者个人。

国家机关、以公益为目的的事业单位、社会团体、企业法人的分支机构和职能部门不得为保证人；但是，法律另有规定的除外。

第十三条 银行汇票上的出票人的签章、银行承兑商业汇票的签章，为该银行的汇票专用章加其法定代表人或者其授权的代理人的签名或者盖章。

银行本票上的出票人的签章，为该银行的本票专用章加其法定代表人或者其授权的代理人的签名或者盖章。

银行汇票专用章、银行本票专用章须经中国人民银行批准。

第十四条 商业汇票上的出票人的签章，为该单位的财务专用章或者公章加其法定代表人或者其授权的代理人的签名或者盖章。

第十五条 支票上的出票人的签章，出票人为单位的，为与该单位在银行预留签章一致的财务专用章或者公章加其法定代表人或者其授权的代理人的签名或者盖章；出票人为个人的，为与该个人在银行预留签章一致的签名或者盖章。

第十六条 《票据法》所称“本名”，是指符合法律、行政法规以及国家有关规定的身份证件上的姓名。

第十七条 出票人在票据上的签章不符合《票据法》和本办法规定的，票据无效；背书人、承兑人、保证人在票据上的签章不符合《票据法》和本办法规定的，其签章无效，但是不影响票据上其他签章的效力。

第十八条 《票据法》所称“代理付款人”，是指根据付款人的委托，代其支付票据金额的银行、城市信用合作社和农村信用合作社。

第十九条 《票据法》规定可以办理挂失止付的票据丧失的，失票人可以依照《票据法》的规定及时通知付款人或者代理付款人挂失止付。

失票人通知票据的付款人或者代理付款人挂失止付时，应当填写挂失止付通知书并签章。挂失止付通知书应当记载下列事项：

（一）票据丧失的时间和事由；

（二）票据种类、号码、金额、出票日期、付款日期、付款人名称、收款人名称；

（三）挂失止付人的名称、营业场所或者住所以及联系方法。

第二十条 付款人或者代理付款人收到挂失止付通知书，应当立即暂停支付。付款人或者代理付款人自收到挂失止付通知书之日起 12 日内没有收到人民法院的止付通知书的，自第 13 日起，挂失止付通知书失效。

第二十一条 付款人或者代理付款人在收到挂失止付通知书前，已经依法向持票人付款的，不再接受挂失止付。

第二十二条 申请人申请开立支票存款账户的，银行、城市信用合作社和农村信用合作社可以与申请人约定在支票上使用支付密码，作为支付支票金额的条件。

第二十三条 保证人应当依照《票据法》的规定，在票据或者其粘单上记载保证事项。保证人为出票人、付款人、承兑人保证的，应当在票据的正面记载保证事项；保证人为背书人保证的，应当在票据的背面或者其粘单上记载保证事项。

第二十四条 依法背书转让的票据，任何单位和个人不得冻结票据款项；但是，法律另有规定的除外。

第二十五条 《票据法》第五十五条所称“签收”，是指持票人在票据的正面签章，表明持票人已经获得付款。

第二十六条 通过委托收款银行或者通过票据交换系统向付款人提示付款的，持票人向银行提交票据日为提示付款日。

第二十七条 《票据法》第六十二条所称“拒绝证明”应当包括下列事项：

（一）被拒绝承兑、付款的票据的种类及其主要记载事项；

（二）拒绝承兑、付款的事实依据和法律依据；

（三）拒绝承兑、付款的时间；

（四）拒绝承兑人、拒绝付款人的签章。

《票据法》第六十二条所称“退票理由书”应当包括下列事项：

（一）所退票据的种类；

（二）退票的事实依据和法律依据；

（三）退票时间；

（四）退票人签章。

第二十八条 《票据法》第六十三条规定的“其他有关证明”是指：

（一）医院或者有关单位出具的承兑人、付款人死亡的证明；

（二）司法机关出具的承兑人、付款人逃匿的证明；

（三）公证机关出具的具有拒绝证明效力的文书。

第二十九条 《票据法》第七十条第一款第（二）项、第七十一条第一款第（二）项规定的“利率”，是指中国人民银行规定的流动资金贷款利率。

第三十条 有《票据法》第一百零三条所列行为之一，情节轻微，不构成犯罪的，由公安机关依法予以处罚。

第三十一条 签发空头支票或者签发与其预留的签章不符的支票，不以骗取财物为目的的，由中国人民银行处以票面金额5%但不低于1 000元的罚款；持票人有权要求出票人赔偿支票金额2%的赔偿金。

第三十二条 金融机构的工作人员在票据业务中玩忽职守，对违反《票据法》和本办法规定的票据予以承兑、付款、保证或者贴现的，对直接负责的主管人员和其他直接责任人员给予警告、记过、撤职或者开除的处分；造成重大损失，构成犯罪的，依法追究刑事责任。

第三十三条 票据的付款人对见票即付或者到期的票据，故意压票、拖延支付的，由中国人民银行处以压票、拖延支付期间内每日票据金额0.7‰的罚款；对直接负责的主管人员和其他直接责任人员给予警告、记过、撤职或者开除的处分。

第三十四条 违反中国人民银行规定，擅自印制票据的，由中国人民银行责令改正，处以1万元以上20万元以下的罚款；情节严重的，中国人民银行有权提请有关部门吊销其营业执照。

第三十五条 票据的格式、联次、颜色、规格及防伪技术要求和印制，由中国人民银行规定。

中国人民银行在确定票据格式时，可以根据少数民族地区和外国驻华使领馆的实际需要，在票据格式中增加少数民族文字或者外国文字。

第三十六条 本办法自1997年10月1日起施行。